kreuz & quer
DURCH BAYERN

21 überraschende Ausflugsziele

SüddeutscheZeitung Edition

Impressum

© Süddeutsche Zeitung GmbH, München
für die Süddeutsche Zeitung Edition 2016
2. Auflage 2016

Herausgegeben von Nadeschda Scharfenberg und Marion Zellner
Projektleitung: Sabine Sternagel
Lektorat: Daniela Wilhelm-Bernstein
Gesamtgestaltung: Sibylle Schug
Herstellung: Thekla Licht, Hermann Weixler
Druck und Bindearbeiten: CPI – Ebner & Spiegel, Ulm
Printed in Germany

Titelbilder:
Oben: Drachenstich in Furth im Wald (Sebastian Beck)
Unten: Tirschenreuther Teichpfanne (Hajo Dietz, dpa)

ISBN: 978-3-86497-337-6

kreuz & quer DURCH BAYERN

21 überraschende Ausflugsziele

Süddeutsche Zeitung Edition

Blick auf Neualben-reuth: Der historische Markt liegt eingebettet in die sanfte Hügel-landschaft des Ober-pfälzer Waldes.

Oberpfalz

Oberfranken

Unterfranken

Mittelfranken

In Merkendorf in Mittelfranken gibt es nicht nur restaurierte Fachwerkhäuser, sondern auch eine vollkommen erhaltene Stadtmauer aus dem 14. Jahrhundert.

Der Weinbau in Mainfranken geht bis ins 8. Jahrhundert zurück. Damals wurde vor allem Messwein gekeltert.

Im Museumsdorf am Grünten im Allgäu zeigt Schmied Luggi, wie früher geschmiedet wurde. Kinder bekommen ein Glückshufeisen.

Das Inntal trägt seinen schlechten Ruf zu Unrecht. Die jahrtausendealte Kulturlandschaft ist einen Besuch wert.

Schwaben

Oberbayern

Niederbayern

Der Biergarten im Kloster Weltenburg am Donaudurchbruch gilt als einer der schönsten Bayerns. Auch wenn die Münchner das nicht gerne hören.

Kreuz & quer durch Bayern

Schöne Aussichten: Die Burgruine Kallmünz thront hoch oben über dem Zusammenfluss von Naab und Vils.

Oberpfalz

Altes Eisen – Erzgruben und Maxhütte

In der Oberpfalz nahm die Industrialisierung Bayerns ihren Anfang. Heute zeugen nur noch wenige Relikte von dieser Zeit – und sie bröckeln vor sich hin.

Z ugegeben, ein Ausflug auf den Spuren des Erzabbaus in Bayern ist nicht gerade das naheliegende Programm fürs Wochenende. Gardaseesüchtigen Oberbayern dürfte der Nordkurs zunächst schwerfallen. Hinter Schwandorf aber verliert sich die Bundesstraße B85 zwischen hübschen Hügeln und Wäldern, bis nach dreißig Kilometern kurz vor Auerbach ein Schild nach rechts zum Bergwerkmuseum weist. Dort wartet Fritz Raß am Eingang.

Im Stahlwerk Max-hütte bei Sulzbach-Rosenberg wurden die Schienen für die Eisenbahn gewalzt.

Sein Händedruck lässt immer noch erahnen, dass er früher mal gut mit Pressluftbohrern umgehen konnte. Er gehört einer Berufsgruppe an, die in Bayern inzwischen fast völlig ausgestorben ist: Raß war Bergmann, von 1955 bis 1989 schuftete er hier 137 Meter tief unter Tage. Lärm, Staub, Nässe, Kälte, Dunkelheit – all das prägte mehr als drei Jahrzehnte seinen Alltag. Und trotzdem würde er es noch mal genauso machen: „Die Kameradschaft, dass sich einer auf den anderen verlassen konnte, das war schon eine super Sache."

Heute ist sein einstiger Arbeitsplatz ein Museum, und Raß führt die Besucher durch die Ausstellung: Zwei Fördertürme ragen über der Maschinenhalle in den Himmel und erinnern daran, dass hier in den Maffeischächten von 1908 bis zur Stilllegung 1978 etwa 16 Millionen Tonnen Eisenerz abgebaut wurden. Ein paar Kilometer entfernt in der Grube Leonie ging der Betrieb sogar bis 1987 weiter, dann machte das Stahlwerk Maxhütte als einziger Abnehmer erstmals Konkurs – und die fast vierhundert Kumpel von Auerbach verloren ihre Jobs. Raß ging bald darauf in Frührente.

Fritz Raß arbeitete 34 Jahre lang unter Tage. Heute führt er Besucher durch den Schaustollen.

Das denkmalgeschütz-te Stahlwerk in Sulz-bach verfällt und ist vom Abriss bedroht.

Für Bayern bedeutete das Ende des Bergbaus eine epochale Zäsur. Jahrhundertelang hatten die Menschen vor allem in Nord- und Ostbayern nach Bodenschätzen gegraben. Braunkohle, Eisenerz, Gold, Uran, Graphit – die Liste ist lang. In der Oberpfalz wurden im 19. Jahrhundert die Grundlagen für die Industrialisierung Bayerns gelegt. Der Untergrund ist durchzogen von Stollen und Schächten, über der Erde sind nur noch wenige Zeugen erhalten, wie die Grube in Nitzlbuch, wo Anfang Dezember von den alten Kameraden noch immer das Barbarafest zu Ehren der Schutzheiligen der Bergleute gefeiert wird.

Obwohl sie sich kilometerweit durch den Berg sprengten und frästen, passierten nur selten schwere Unfälle. Den größten Aufruhr gab es in den 1950er-Jahren, als die Direktion das Biertrinken während der Arbeitszeit verbieten wollte. Die Belegschaft trat in den Streik und erkämpfte einen Kompromiss: eine Maß pro Mann und Schicht. Geschmolzen wurde das Erz aus Nitzlbuch in Sulzbach-

Rosenberg. Dort rostet seit seiner Stilllegung 2002 das Stahlwerk Maxhütte vor sich hin. Oben auf dem Dach wachsen inzwischen Birken, das weitläufige Gelände gleicht einem Biotop.

Dabei zählt die Maxhütte zusammen mit dem Walchenseekraftwerk und der Augsburger Kammgarnspinnerei zu den bedeutendsten Industriedenkmälern in Bayern. Alleine der Rundgang durchs verlassene Stahlwerk mit seinen Dampfmaschinen wäre eine Reise wert, doch für Besucher ist die Anlage geschlossen – Einsturzgefahr. Somit bleibt nur der Blick über den Zaun auf den letzten von einst sechs Hochöfen, in denen pro Jahr 120 000 Tonnen Eisen produziert wurden. Auf einer Tafel erfährt man, dass Teile der Maxhütte denkmalgeschützt sind. In ein paar Jahren wird davon nicht mehr viel übrig sein. Langsam verlieren sich aber auch die kulturellen Spuren, die Bergbau und Industrie in der nördlichen Oberpfalz hinterlassen haben. Die Arbeiterschaft hier war politisch links, solidarisch und selbstbewusst. Raß erinnert sich noch daran, wie ein Kumpel dem Auerbacher Pfarrer von der Empore herab in die Predigt fuhr: „Du bist ein Lügner!", schrie er.

Die Jobs unter Tage waren hart, aber begehrt und gut bezahlt: Nach dem Krieg gab es in Nitzlbuch eine Warteliste mit mehr als hundert Bewerbern. Für einen Wagen mit Erz bekam Raß anfangs 1,20 Mark bezahlt. Kein schlechter Lohn damals. In den 1970er-Jahren gingen die Vorkommen zur Neige, die Grube musste schließen. Kalksteine wurden in den Förderschacht gefüllt, darauf kam ein Betondeckel. Aus, Ende. Die Stollen unten sind längst im Grundwasser abgesoffen. Drüben in der Grube Leonie liegen noch zwanzig Millionen Tonnen Eisenerz im Boden, die niemand mehr braucht. *Sebastian Beck*

Die Belegschaft protestierte vergeblich gegen die Schließung. Am 24. September 2002 machte die Maxhütte dicht.

Für den Tipp bedanken wir uns bei Hubert Zaremba, Amberg-Sulzbach.

Kloster Kastl

Eine Mumie im gläsernen Kästchen und der brave Schweppermann

Wer als Tourist in Kastl Fotos macht, der kommt schnell mit den Einheimischen in Kontakt: „Wos isn jetzt dou so bsonders?", tönt es von rechts aus dem Fenster, als der interessierte Besucher ein Foto vom Madonnenaltar in der Hausmauer macht. Der erstaunte Hausherr verrät dann noch, dass sein verwinkeltes Gebäude zum ersten Mal 1837 erwähnt wurde, wahrscheinlich aber noch viel älter und obendrein schwer zu beheizen sei. Die Gemeinde an der Lauterach zwischen Amberg und Neumarkt in der Oberpfalz ist durchaus typisch für viele Orte in der Region: Sie vermitteln auf den ersten Blick einen eher herben Charme. Vorbildlich renovierte Denkmäler kontrastieren mit Verfall. Es ist eben eine Gegend der kleinen Leute und nicht der Bonzen.

Kastl freilich kann mit einer bizarren Sehenswürdigkeit aufwarten: Oben in der alten Klosterkirche liegt die Mumie von Prinzessin Anna, der Tochter des Herzogs von Bayern. Sie war gerade einmal eineinhalb Jahre alt, als sie 1319 bei einem Besuch an einer Erkältung starb. Seitdem wird ihr Leichnam hier aufbewahrt – zuletzt in einer Art Schrank. 700 Jahre sind allerdings auch an der Mumie nicht spurlos vorübergegangen, weshalb die kleine Anna kürzlich von Albert Zink aus Bozen behandelt wurde. Der gilt als Kapazität auf dem Gebiet der Konservierung von Mumien, schließlich kümmert er sich auch um die Erhaltung des berühmten Ötzi in Bozen. Zink hat die Prinzessin mit den blonden Haaren in

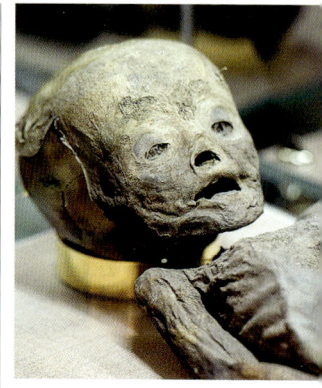

Die Mumie der kleinen Prinzessin Anna wurde mit großem Aufwand neu konserviert.

ein gläsernes Kästchen gesteckt, wo sie nun in einer Stickstoffatmosphäre vor der Verwesung bewahrt wird.

Die Kirche des einstigen Benediktinerklosters wäre freilich auch ohne Prinzessin Anna einen Besuch wert. Wer es ganz genau wissen will, der erfährt, dass er hier unter dem größten romanischen Tonnengewölbe rechts des Rheins steht. Ein imposanter Bau aus dem 12. Jahrhundert mit gotischen Ergänzungen. Das ehemalige Kloster wurde nach der Säkularisation im 19. Jahrhundert als Gerichtsgebäude genutzt und bis 2006 schließlich als ungarisches Gymnasium.

Hier in der Kirche liegt auch der brave Schweppermann begraben, ein Feldhauptmann, der an der Seite Ludwigs des Bayern kämpfte. In der Schlacht von Mühldorf 1322 zeichnete sich Schweppermann der Legende nach durch große Tapferkeit aus, was ihm der Kaiser mit einer Extraration belohnte: „Jedem Mann ein Ei, und dem braven Schweppermann zwei", soll er nach dem Kampfe angeordnet haben. Neben zwei Eiern erhielt Schweppermann auch noch ein paar Burgen. Eine davon ist in Pfaffenhofen bei Kastl an der Bundesstraße zu sehen. Heute residiert darin die Amberger Sektion des Deutschen Alpenvereins. *Sebastian Beck*

Markt Kastl ist Ausgangspunkt für viele Wandertouren – zu Fuß oder mit dem Rad.

Die Eisenstraße

Die Oberpfalz wartet mit traditionellen Wirtshäusern und einer überraschende Museumskultur auf.

Die 120 Kilometer lange bayerische Eisenstraße lockt nicht nur mit Museen und rostigen Denkmälern. Die traditionelle Küche trotzt hier bis heute erfolgreich dem Veganertum und der Thai-Kitchen-Mode. Auf dem Land gibt es sogar noch echte Metzgereien und Bäcker. Und in Amberg findet sich ein Urtyp des Oberpfälzer Wirtshauses: das Casino am Stadttheater.

Dunkel getäfelte Wände, rustikale Tische, kein Schnickschnack. Die Speisekarte ist kalorienschwer und regional. Wer Blut- und Leberwürste verschmäht, kann auf andere Klassiker ausweichen. Dazu gibt es Bier aus verschiedenen Brauereien in der Oberpfalz. Auf Neudeutsch könnte man sagen: alles Superfood. Nur ein paar Schritte entfernt davon: das Amberger Luftmuseum des Künstlers Wilhelm Koch. Die skurrile Ausstellung zum Thema Luft ist längst kein Geheimtipp mehr, sondern gehört für kunstinteressierte Menschen in Bayern schon zum Pflichtprogramm und belegt einmal mehr: Die sogenannte Provinz ist kulturell produktiver als so manche Metropole.

Wer sich einen Überblick über den Bergbau verschaffen möchte, der sollte auf keinen Fall das Bergbau- und Industriemuseum in Schloss Theuern bei Amberg auslassen. Ein Teil der umfangreichen Ausstellung wird zwar renoviert, doch auch so bleiben mehr als genug Exponate aus diversen Minen und Epochen übrig. Sie belegen den alten Spruch: Bayern ist reich an armen Vorkommen. Das

Fliegende Artisten heißt dieses expressionistische Werk von Rudolf Lodes, einem künstlerischen Autodidakten aus Auerbach.

eindrucksvollste Denkmal ist freilich die Maxhütte in Sulzbach-Rosenberg. Zurzeit gibt es nur eine Möglichkeit, das Gelände und die Hallen zu besichtigen: Ein Veranstalter bietet nach Anmeldung Fototouren durch das Werk an, das bereits für etliche Filmproduktionen als düstere Kulisse diente.

Am nördlichen Ende der Eisenstraße ist die Stadt Auerbach einen Abstecher wert. Zum einen, weil dort seit 1993 ein Eisenaltar die Kirche schmückt. Er wurde aus dem letzten Erz der Grube Leonie gegossen und nach einer Sanierung wieder vom Gerüst befreit. Zum andern gibt es in Auerbach eine kleine Entdeckung zu machen: Das Lodes Museum zeigt Werke von Rudolf Lodes, Arzt aus Auerbach und künstlerischer Autodidakt, der 2006 im Alter von 96 Jahren starb. Seine expressionistischen Arbeiten sind auf höchstem Niveau. Im Auerbacher Ortsteil Nitzlbuch befindet sich die Schachtanlage Maffei samt Schaustollen. *Sebastian Beck*

Das Casino in Amberg ist ein Schmuckstück der bayerischen Wirtshauskultur.

Die aufblasbaren Objekte von Wilhelm Koch sind im Luftmuseum zu sehen. Auch für Kinder ist ein Besuch empfehlenswert.

Pegnitz

Auerbach

**Bergbaumuseum
Nitzlbuch**

B 299

Eisenstraße

Maxhütte

B 14

Sulzbach-Rosenberg

**Luftmuseum und
Casino Wirtshaus**

Amberg

Schloss Theuern

Kümmersbruck

A 6

B 85

Klosterkirche

Kastl

A 3

Neumarkt

10 km

Infoservice

Stahlwerk Maxhütte: Erzhausstraße 1 (Hochofenpforte), 92237 Sulzbach-Rosenberg, Fototouren nach Anmeldung. Genauere Infos unter: www.stahlwerk-maxhuette.de.

Bergbau- und Industriemuseum Ostbayern: Schloss Theuern, Portnerstraße 1, 92245 Kümmersbruck, Telefon 09624/832, www.museumtheuern.de. Geöffnet von Dienstag bis Samstag von 9 bis 17 Uhr, an Sonn- und Feiertagen von 10 bis 17 Uhr. Das Museumsareal umfasst neben dem Schloss drei weitere regional-typische Industriedenkmäler. Die Außenstellen sind nur an Wochen-enden und Feiertagen geöffnet.

Bergbaumuseum Maffeischächte der Grube Auerbach-Nitzlbuch: Unterer Markt 34, 91275 Auerbach, Telefon 09643/2433 (Privatführung mit Fritz Raß). Geöffnet von Mai bis Oktober an jedem ersten Sonntag im Monat von 15 bis 17 Uhr.

Luftmuseum Amberg: Eichenforstgäßchen 12, 92224 Amberg, Telefon 09621/420883, www.luftmuseum.de. Geöffnet von April bis September Dienstag bis Freitag von 14 bis 18 Uhr, an Wochenenden und Feiertagen von 11 bis 18 Uhr. Von Oktober bis März jeweils nur bis 17 Uhr geöffnet.

Lodes Museum in der alten Münze: Schlosshof 1, 91275 Auerbach, Telefon 09643/683, www.weber-rudolf.de/lodes_museum.htm. Geöffnet immer am Sonntag von 14 bis 17 Uhr.

Casino Wirtshaus: Schrannenplatz 8, 92224 Amberg, Telefon 09621/22664, www.casino-wirtshaus.de. Geöffnet täglich ab 10 Uhr, Ruhetag Montag und Sonntagnachmittag, im Sommer Sonntagabend.

Das Wirtshaus am Ende der Welt

Trotz der Einsamkeit ist Wirtin Josefa Singer die beste Informationsquelle – auch ohne Internet und Medien.

Vor vielen Jahrzehnten hat die *Berliner Illustrierte Zeitung* den Bayerischen Wald als „das deutsche Sibirien" tituliert. Wer an einem verregneten Herbsttag die Stadt Furth im Wald hinter sich lässt und unbeirrt in Richtung Daberg weiterfährt, also quasi in den hintersten Zipfel von Bayern, der beginnt den Spott der Berliner Schreiberlinge zu verstehen. Immer einsamer wird es nun, immer finsterer kommen einem die Waldbuckel vor, immer schmäler werden die Straßen. Bis es plötzlich nicht mehr weitergeht, weil ein Wirtshaus im Weg steht. Unweigerlich beschleicht den Besucher das Gefühl, dass er jetzt am Ende der Welt angekommen sei.

Josefa Singer lebt buchstäblich im hintersten Winkel Bayerns.

Freilich, ein Wirtshaus ist immer ein Zeichen der Hoffnung, erst recht, wenn auf seinem Schild der gemütliche Name Bayerisch Häusl zu lesen ist. Es ist eine bayerische Wirtschaft, das muss hier durchaus betont werden, denn am Hinterausgang verläuft die Grenze nach Tschechien. Früher wurde sie Eiserner Vorhang genannt, weil sie die Welt bis 1989 in die verfeindeten Blöcke West und Ost geteilt hat.

Das Bayerisch Häusl ist also ein altes Grenzwirtshaus, schon 1802 wird es in den Annalen erwähnt. Sofort erwachen hier Erinnerungen an den Schriftsteller Joseph Roth, der solche Häuser in seinen Romanen beschrieben hat, besonders solche in den hintersten Wäldern des Habsburgerreichs, zu dem auch jenes geschichtsschwere Böhmen gehört hat, das direkt ans Bayerisch Häusl angrenzt.

Die Wirtin Josefa Singer sitzt allein in ihrer Kuchl, die seit Generationen von einem dunkel gemaserten Büfettkasten dominiert wird. An der Wand das obligatorische Kruzifix sowie Rehgwichtln, und darunter die lang gezogene Eckbank mit dem schlanken Tisch, an dem die Stammgäste am liebsten sitzen. Draußen in der Gaststube ist es ungemütlich um diese Jahreszeit. Eingeheizt wird nur in der Stube, „in da Stuum", wie Josefa Singer sagt. Wär ja auch umsonst, sie lebt die meiste Zeit alleine hier. Nur die hochbetagte, pflegebedürftige Mutter ist noch da.

Schwergewichtig drücken die Regenwolken auf das abgelegene Anwesen, mitten am Vormittag ist es in der Stube so finster, dass es fast unheimlich wirkt. Die Stille wird nur vom Takt des alten Regulators gestört und vom Schnurren einer schläfrigen Katze. Vor der Haustür scharren ein paar Hühner im Matsch.

Josefa Singer ist an die Abgeschiedenheit gewöhnt. Aber Gäste sind immer willkommen. „Kaam neamand, waars mir zu einsam,

Bayerisch Häusl ist bereits seit mehr als 200 Jahren ein Wirtshaus und Treffpunkt der Grenzer.

i bi scho Menschen gweed", sagt sie in ihrem geschliffenen Waldleridiom. Sie sei an Menschen gewöhnt, sagt sie, obwohl weit und breit niemand zu sehen ist. Rundherum nur Äcker und Wiesen, hinterm Wirtshaus ragt wie ein Wall der Böhmerwald auf. Diese Grenze, die Josefa Singer seit ihrer Kindheit vor Augen hat, prägt ihr Leben bis heute.

Von grenzenloser Freiheit war in Daberg lange nichts zu spüren. Das Leben tobte woanders. Aber das habe ihr nichts ausgemacht, sagt Frau Singer. Es ist nicht ihre Art, lange Sätze zu formen. „I bin zfrieden!", erklärt sie dem Besucher. Bald wird sie sechzig Jahre alt sein, sie hat nie woanders gelebt und nie etwas anderes gewollt.

Aber sie hatte auch keine andere Chance. Josefa Singer ist von kräftiger Statur, ein „gstammigs Weiberleit", wie die Menschen in dieser Gegend sagen, sie kann zupacken, schon als Kind hat sie schwere Bauernarbeit verrichten müssen. Dreißig Tagwerk Grund und zehn Kühe haben zum Bayerisch Häusl dazugehört. Josefa konnte der Arbeit nicht entkommen. Als sie ein Jahr alt war, starb der Vater. Ihre Mutter, die Beppi, hat das Wirtshaus und den Bauernhof allein über Wasser gehalten. Die Schwester hat geheiratet, Josefa ist geblieben. „Ma wochst damit aaf, ma lernt s' Arwatn, ois Kind scho!", sinniert sie heute.

Zum Heiraten hätte es für die Josefa genügend Kandidaten gegeben, sagen die Männer, die sich jetzt am Stammtisch in der Kuchl niedergelassen haben. Aber der Mama, der Beppi, habe keiner gepasst. Wenn einer anklopfte, habe sie zur Josefa gesagt: „Geh umi ins Wohnzimmer!" So kam der Tochter kein Mann zu nahe, und die Josefa „hod dahoam bleim miasst!"

Die Grenze hat das Wirtshaus und seine Bewohner geprägt und genährt. Die Zöllner,

Historische Grenzsteine bei Daberg in der Oberpfalz. Dazwischen fließt der Grenzbach.

die einst Streife gegangen sind, kehrten im Bayerisch Häusl regelmäßig ein. Auch weil die Wirtin eine wichtige Informationsquelle war. Sie wusste, was sich an der Grenze abgespielt hatte, wenn die Zöllner nicht da waren. Willkommen waren natürlich auch die Brotzeit und die Halbe Bier, die verbotenerweise getrunken wurde, im Dienst. Die Beppi aber hat auch den deutschen Rückraum überwacht, damit die Atzung der Zöllner nicht von unliebsamen Beobachtern gestört wurde.

Noch heute treffen sich die ehemaligen Zöllner im Bayerisch Häusl, stets in Erinnerungen schwelgend. Sie hoffen, es möge noch lange so bleiben. „I komm scho sechzig Jahre her, weil ma hier alle Neuigkeiten hört", sagt einer der Männer. Trotz der Einsamkeit ist Daberg die beste Informationsquelle – auch ohne Internet und Medien. Dazu die Gemütlichkeit, „bei da Josefa ist's wia vor hundert Jahr. Es ist ned nur ein Gasthaus, sondern ein Zuhause!"

„I daad nia woanders higeh!", sagt Josefa und man ahnt, warum das alte Grenzland zwischen Bayern und Böhmen die Menschen seit Urzeiten magisch berührt. Man kann dieses Mysterium wohl nur spüren, wenn man hier geboren ist. Mittlerweile kann Josefa Singer dieses starke Heimatgefühl auch in Gedichten ausdrücken. Stets hat sie einen Bleistift zur Hand, um sich alles zu notieren, was sie am Wirtshaustisch aufschnappt. Vier Bücher mit Gedichten und Geschichten hat sie bereits verfasst. „Wann i schreib, dann mua olles ruhig sei um mi. Do mou i denka kinna. Und ganz alloi sa. Und allerwei wieder wos dazou, so entsteht a Gedicht."

Beim Schreiben gibt ihr niemand den Takt vor: keine Tiere, keine Gäste, keine Landesgrenze. In diesen Momenten hört sie tief in ihre Seele hinein: „Hoamat we bist du schö, i mecht net von dir geah!" *Hans Kratzer*

Der Wirtsgarten von Josefa Singer in Daberg. Die Grenze zu Tschechien verläuft nur ein paar Meter entfernt am Waldrand.

Für den Tipp bedanken wir uns bei Peter Fegeler aus München.

Grenzland

Schwirzen und schwanzen – das Schmugglerwesen prägte den Landstrich zwischen Bayern und Böhmen.

Bayern und Böhmen – zwei Ur-Regionen im Herzen Europas, die seit 1500 Jahren eng miteinander verbandelt sind, mal im Guten, mal im Schlechten. Nichts aber hat die Wirtschaft und die Gesellschaft in der bayerisch-böhmischen Grenzregion so stark geprägt wie das Schmugglerwesen, das Schwirzen, wie der illegale Handel in der Mundart dieser Gegend genannt wird (schwarz über die Grenze bringen). Zu allen Zeiten haben die Menschen im Bayer- und Böhmerwald die gesetzlichen Abgaben und Steuern auf Waren – Zehent, Maut und Zoll – zu umgehen versucht, auch wenn sie dabei harte Strafen, ja sogar ihr Leben riskierten.

Hier verlief nach 1945 der Eiserne Vorhang. Die Landesgrenze zwischen Bayern und Tschechien ist heute frei passierbar.

Aus der Sicht der Bevölkerung war das Schmuggeln keine Straftat. Viele Grenzbewohner lebten in ärmlichen Verhältnissen, für sie war das Schwirzen überlebenswichtig. Auf der Strecke von Furth im Wald zur tschechischen Grenze passiert der Autofahrer ein steinernes Schwirzer-Denkmal. 1988 von einem Chamer Steinmetz errichtet, zeigt es einen Schwirzer, der einen Stier mit sich führt. Auch Tiere wurden über die Grenze geschmuggelt. Und der staunende Passant glaubt aus dem steinernen Munde das Schmugglerlied der Waldler zu vernehmen:

> *Mir san ma de Schwirzer vom Landl*
> *Da hint auf der böhmischen Grenz*
> *Mir schwirz ma a Salz und an Zucker*
> *Und schwanz ma d'Finanzer a weng!*

Schwanzen ist ein altes Wort für ärgern. Die Finanzer ärgerten sich in der Tat, entgingen

Vor dem Abflug nach Süden sammeln sich Störche bei Eschlkam. Die abgelegene Region ist ein Paradies für Naturliebhaber.

ihnen doch beträchtliche Einnahmen, wenn die Schwirzer schmuggelten, was auf der jeweils anderen Seite der Grenze billiger war: von g'schwirzter Butter bis zu den „Malbro"-Zigaretten.

Marita Haller vermittelt in ihrem Buch über die Schwirzer eine Ahnung vom einstigen Treiben: „Wie Schatten huschten sie nachts auf selten begangenen und abgelegenen Grenzwegen von Baum zu Baum, jeden lauten Tritt und jede Lichtung meidend. Angst, aber auch Leidenschaft spiegelte sich in ihren geschwärzten Gesichtern wider. Auf dem Rücken trugen sie eine schwere, aber kostbare Last." Nicht selten war ein ganzes Netzwerk am Schmuggel beteiligt. In solchen Fällen wurde in der vernachlässigten Grenzregion in großem Stil Wirtschaftskriminalität betrieben. Je höher die Zölle, je schärfer die Einfuhrkontrollen, desto größer der Anreiz und Gewinn für Schmuggler. Die Arbeit der Zollbeamten war gefährlich. So manche Schmugglerfaust umfasste ein geladenes Gewehr.

Nach 1945 machte der Eiserne Vorhang das Schmuggeln an der bayerisch-böhmischen Grenze unter den Augen von 25 000 Grenzwächtern unmöglich. Aber gleich nach der Grenzöffnung vor 25 Jahren beschlagnahmten Zöllner, Grenzpolizei und Bundesgrenzschutz wieder illegal eingeführte Waren, speziell Waffen, Drogen und artengeschützte Tiere – zumindest einen kleinen Teil.

Hans Kratzer

Das Schwirzer-Denkmal an der tschechischen Grenze: Früher wurden Butter, Zigaretten oder Tiere geschmuggelt, heute sind es Drogen, Dopingmittel oder Waffen.

In der Drachenhöhle

Furth im Wald ist bekannt für den größten vierbeinigen Schreitroboter der Welt.

Hart und entbehrungsreich war das Leben im bayerisch-böhmischen Waldgebiet. Die einstige Not spiegelt sich im herben Charme der Grenzlandschaft durchaus noch wider. Leider haben die Waldbewohner nach dem Krieg dem Fortschritt allzu leidenschaftlich Tür und Tor geöffnet und bedenkenlos auch liebenswerte Traditionen geopfert. Unter anderem hat der moderne Baustil viel Hässliches hervorgebracht. Die eigenen Stilformen zählten nichts mehr. Gleichwohl lohnt die Further Senke zwischen dem Oberpfälzer Wald im Norden und dem Bayerischen Wald im Süden jederzeit einen Abstecher. In Eschlkam zum Beispiel, wo am 1. Juli 1990 der Grenzübergang wieder eröffnet wurde, finden wir den Startpunkt des Ostbayerischen Jakobsweges, der über 2825 Kilometer bis ins spanische Santiago de Compostela führt.

Nach der Öffnung des Eisernen Vorhangs mutierte Eschlkam zu einer Art Mittelpunkt Europas. Das sehenswerte Kunstwerk *Haus Europa* auf der Leminger Höhe ist Teil eines Kunstwanderwegs mit Projekten deutscher und tschechischer Künstler in überwiegend herrlicher Aussichtslage.

Die hiesige Natur beschrieb enthusiastisch der dort geborene Bayerwalddichter Maximilian Schmidt, genannt Waldschmidt (1832 bis 1919), allerdings in stark idealisierter Weise. Das Waldschmidt-Museum im Gasthaus zur Post in Eschlkam dokumentiert mit persönlichen Gegenständen, Urkunden und Schautafeln Waldschmidts Werdegang.

Fast 16 Meter Länge misst der Further Drache. Touristen können ihn in seiner Höhle besichtigen.

„Haus Europa", eines der Kunstwerke, die entlang des Kunst- wanderwegs auf der Leminger Höhe in herr- licher Panoramalage zu bewundern sind.

Den Drachensee zwischen Furth im Wald und Eschlkam hat Waldschmidt noch nicht gekannt. Der wurde erst im Mai 2009 einge- weiht – als 24. staatlicher Hochwasserspei- cher in Bayern. Der Drache aus Deutschlands ältestem Volksschauspiel, dem Further Dra- chenstich, gab ihm seinen Namen. Der Stau- see soll die Hochwässer des Flusses Chamb bändigen, bietet aber auch Erholungssuchen- den und Naturfreunden intensive Erlebnisse.

Einen beeindruckenden Blick auf den See und die Landschaft gewährt der auf dem Dieberg im Nordosten von Furth stehende Aussichtsturm der Bayernwarte. In Furth im Wald ist der Drache allgegenwärtig. Außer- halb des Festspielmonats August empfiehlt sich ein Abstecher ins Drachenmuseum und in die Drachenhöhle, wo sich laut Guinness- buch der Rekorde der größte vierbeinige Schreitroboter der Welt von seinen Kämpfen erholt.

Als Kontrast empfehlenswert: Neukirchen beim Heiligen Blut mit Wallfahrtskirche und Wallfahrtsmuseum. Und danach zum körper- lichen Ausgleich ins nahe gelegene Freizeit- zentrum Hoher Bogen. *Hans Kratzer*

Auf dem Further Schlossplatz sind im historischen Stadtturm und den angrenzenden Gebäuden die städti- schen Museen unterge- bracht.

**Bayerisch Häusl
von Josefa Singer**

**Grenzübergang
Eschlkam-Všeruby**

Schwirzer-Denkmal

**Aussichtsturm
Bayernwarte
auf dem Dieberg**

Furth im Wald

Drachensee

 Drachenmuseum

Eschlkam

 Drachenhöhle

**Gasthof zur Post mit
Waldschmidt-Ausstellung**

Chamb

Chamb

Arnschwang

Wallfahrtskirche

Neukirchen
beim Heiligen Blut

DEUTSCHLAND

2 km

Infoservice

Wirtshaus Bayerisch Häusl: Daberg, 93437 Furth im Wald, direkt an der bayerisch-böhmischen Grenze.

Landestormuseum – Drachenmuseum: Schlossplatz 4, 93437 Furth im Wald, Telefon 09973/509-80, www.landestormuseum.byseum.de. Geöffnet vom Sonntag vor Ostern bis zum Ende der Herbstferien in Bayern täglich außer Montag von 10.15 bis 16.45 Uhr. Im Winterhalbjahr Dienstag, Donnerstag, Samstag und Sonntag von 14 bis 17 Uhr.

Drachenhöhle am Festplatz: Eschlkamer Straße 10a , 93437 Furth im Wald, Telefon 09973/5009329. Geöffnet vom 1. April bis 31. Oktober immer Dienstag bis Sonntag von 10.30 bis 16 Uhr. Im Winterhalbjahr ist der Further Drache, der größte Schreitroboter der Welt, im Drachenmuseum zu sehen.

Eschlkam: Waldschmidt-Ausstellung im Gasthaus Zur Post, Waldschmidtstraße 14, 93458 Eschlkam, Telefon 09948/751, www.markt-eschlkam.de. Geöffnet am Sonntag von 14 bis 17 Uhr.

Beginn des **Ostbayerischen Jakobswegs** direkt am Grenzübergang Eschlkam/Všeruby. Eine detaillierte Beschreibung sowohl der Route für die Fuß- und Radpilger unter www.jakobus-gesellschaften.de.

Unter dem Motto „Grenzbegegnungen – Wege zwischen Ost und West" wurde auf der Leminger Höhe bei Eschlkam unmittelbar an der Grenze zum Nachbarland Tschechien ein **Kunstwanderweg** mit sechs Werken international renommierter Künstler geschaffen. Der **Kunstpavillon** in der neuen Mitte Europas „Licht und Schatten" ist in Eschlkam-Stachesried zu besichtigen.

Land der tausend Teiche

Löwe und Drache zieren das Wappen des Landkreises Tirschenreuth. In Wirklichkeit dreht sich aber alles um den Karpfen.

Mit Anglerromantik hat das alles nichts zu tun, das will Thomas Beer, von Beruf Fischwirtschaftsmeister, gleich mal loswerden: „Die Leute denken, man hat einen Teich, dann fischt man – und macht ein Fest." Aber so ist das nicht, „das geht nicht einfach so von selbst". Fischwirt – das ist wie Landwirt. Nur dass der Fischwirt keine Felder bestellt, sondern Teiche. Er bereitet den Grund vor, er setzt, hegt und pflegt, er erntet.

Im Landkreis Tirschenreuth gibt es 4700 Teiche. Hier ein Blick über die Fischzucht von Thomas Beer in Kleinsterz.

Nur eben nicht Weizen, Gerste, Mais, sondern Schleie, Hecht, Zander. Und hier, im Kreis Tirschenreuth, vor allem Karpfen, der fast so etwas wie das Wappentier der Region ist, obwohl er auf dem Wappen gar nicht drauf ist. Sondern ein Löwe mit Krone und ein Drache ohne Unterleib. Was dem Karpfen gegenüber eine Frechheit ist.

Der Landkreis Tirschenreuth in der nördlichen Oberpfalz wimmelt nur so von Karpfen. Nicht nur in den 4700 Teichen lauern sie, sondern quasi an jeder Ecke, aus Epoxidharz, bunt bemalt. Ein gelber Karpfen mit blauem E vor dem Edeka, ein Karpfen mit CSU-Schriftzug vor dem Parteibüro in der Kreisstadt, ein Karpfen mit fein zisliertem Blumenmuster auf Beers Hof im Weiler Kleinsterz – eine Reminiszenz an die darniederliegende Porzellanindustrie. Im Städtchen Kemnath gibt es gar einen „phantastischen Karpfenweg", ein Marketinggag, ähnlich wie die Berliner Bären oder die Löwen in München. Und das ist noch nicht genug, Kinder kraxeln auf Klettergerüsten in Karpfenform, es gibt einen Karpfenradweg und ein Fischereimuseum.

Der Karpfen ist das Lockmittel für Touristen in diesem Landstrich, der zwar lieb-

Die Fischhofbrücke in der Kreisstadt Tirschenreuth ist der berühmten Steinernen Brücke in Regensburg nachempfunden.

Die von Künstlern gestalteten „phantastischen Karpfen" begegnen einem in der Region auf Schritt und Tritt.

Die „Himmelsleiter"
mitten in der Wald-
naab-Aue. Sie reicht
nicht ganz bis zu den
Wolken, aber der Aus-
blick ist grandios.

Alle Hände voll zu
tun: Thomas Beer mit
dem Karpfen-Nach-
wuchs. Drei Sommer
dauert es, bis er sie
ernten kann.

reizend ist, aber halt doch ein bisschen im Nirgendwo liegt. Anfang September wird die Karpfensaison eröffnet, der ganze Landkreis feiert – also doch. Aber dafür wird das Jahr über geschuftet, bis zur Ernte. Jawohl, so heißt das. Nichts ist's mit Angeln.

Thomas Beer ist Herr über vierzig Teiche. Der Mittvierziger ist, das erkennt man an der frischen Hautfarbe und den muskulösen Oberarmen, ein Draußen-Mensch, ein Anpacker. Eigentlich hatte er einen anderen Lebensweg eingeschlagen, machte nach dem Abitur eine Schreinerlehre. Doch dann starb sein Bruder bei einem Flugzeugunglück, Beer sattelte um. 2003 übernahm er den elterlichen Betrieb, im Jahr 2012 schaffte er die Kühe ab. Im Dorf riecht es trotzdem nach Stall, die Teiche sieht man erst, wenn man hinterm Hof um die Ecke biegt. Die Familie Beer, die seit fünf oder sechs Generationen die Teiche bewirtschaftet, betreibt als eine von wenigen die Zucht komplett, vom Laich bis zum Speisefisch. Hunderttausende Exemplare gehen im Jahr durch Beers Hände. Zählt man die Larven mit, sind es Millionen. Trotzdem weiß er genau, in welchem Teich sich welche Arten in welcher Größe tummeln.

Der Fischwirt schleudert ein Wurfnetz. Im Eimer winden sich Minikarpfen, sie sind im Mai geschlüpft. Bis sie, nach drei Sommern, zu Speisekarpfen herangewachsen sind, wird Beer sie mehrmals in andere Teiche umgesetzt haben. Die Gewässer müssen vorbereitet sein, nicht zu warm, nicht zu kalt, mit dem passenden Sauerstoffgehalt und der richtigen Zusammensetzung von Plankton. Wenn zu viele Pflanzen wuchern, muss Beer den Teich trocken legen und den Boden bearbeiten, wofür er sich eine Pistenraupe angeschafft hat. Außerdem untersucht er Wasserproben, fischt Fische heraus und schaut, ob sie gedeihen, füttert selbst angebautes Getreide zu. Der Vertrieb ist zu managen, Besuchergruppen sind um die Teiche zu führen und Feriengäste zu betreuen. Zur Erntezeit stellen die Beers vier, fünf Helfer ein.

Den größten Stress aber machen Biber, Otter, Kormorane. Der alte Streit zwischen Fischern und Naturschützern tobt im Land der tausend Teiche heftig. Beer zeigt auf einen kahlen Stamm, „da war der Biber dran". Gegenüber schüttet ein Bagger Erde auf den Damm, der Biber hat Gänge gebaut, der Pegel sinkt. „Biber sind nervig, aber auch faszinierend", findet Beer. Irgendwie mag er die geschützten Tiere – und hat doch eine Sondergenehmigung zum Abschuss. Am Kormoran mag er gar nichts. Wie perfide er jagt! Erst ziehen Spähvögel ihre Runden, dann fliegen sie von dannen – und kehren mit Hunderten Artgenossen zurück. Sie drängen die Fische in eine Ecke. Wenn man Pech hat, ist danach die Hälfte des Bestandes weggefressen.

Beer redet sich in Rage, während es neben ihm platscht und spritzt. Alle paar Augenblicke hüpft ein prächtiger Fisch aus dem Wasser. Halten die Viecher Ausschau nach dem Feind? Beer sagt: „Wenn die Karpfen springen, geht's ihnen gut." Nicht mehr lange, dann hat er sie durchgebracht, dreieinhalb Jahre. Dann ist der Teichwirt glücklich – und der Karpfen im Kochtopf.

Nadeschda Scharfenberg

Dieser kunterbunte Karpfen, zu sehen in Kemnath, ist eine Art schwimmende Wetterkarte.

Für den Tipp bedanken wir uns bei Susanne Vonhoff aus Kemnath.

Verhinderter Vulkan

Auf dem Gipfel des Rauhen Kulm steht ein schwankender Turm.

Die Touristiker in der nördlichen Oberpfalz mögen damit hadern, dass die Zahl derer, die sich in die Region locken lassen, überschaubar ist. Der Wanderer aber, zumindest jener, der sich immer schon gefragt hat, warum man jedem anderen dahergelaufenen Wanderer ein freundliches „Grüß Gott" entgegenrufen muss, findet die Einsamkeit gar nicht schlecht.

Aufstieg auf den Rauhen Kulm im Landkreis Neustadt an der Waldnaab, fünf Kilometer südlich von Kemnath: Beim gut einstündigen Marsch in flottem Schritt bis zum 682 Meter hohen Gipfel trifft man, trotz perfekten Wanderwetters bei 20 Grad und leicht bewölktem Himmel, niemanden. Keinen Fußgänger jedenfalls. Am Anfang, auf dem Feldweg, winkt ein Jungbauer aus seinem Traktor und wartet brav, bis man hinter dem Odelfass vorbeigelaufen ist, ehe er losspritzt. Und oben, kurz vor dem Gipfel, plötzlich lauter Kleinbusse. Eine Ministrantengruppe hat den Wanderparkplatz nicht gefunden und muss jetzt auf dem Waldweg die Transporter wenden.

Der Rauhe Kulm ist der markanteste Blickfang in der Gegend. Er steht da so herum in der Ebene, fast als habe ihn jemand vergessen. Im Tertiär, vor 15 bis 20 Millionen Jahren, war der Rauhe Kulm ein Vulkan, allerdings ein verhinderter, der niemals zum Ausbruch kam. Zwar stieg Lava in seinem Krater empor, aber sie trat nie aus, sondern erkaltete und verfestigte sich. Im Laufe der Zeit verwitterte

Der Rauhe Kulm im Landkreis Neustadt an der Waldnaab steht einfach so herum in der Ebene, als habe ihn jemand vergessen.

das weichere Gestein der Umgebung, der harte, vulkanische Basalt blieb übrig – und fertig war der Oberpfälzer Kegelberg.

Der direkte, gut beschilderte Weg vom Bahnhof Kemnath-Neustadt aus (über Kurzweg und Jägersteig) ist viereinhalb Kilometer lang und vor allem am Ende knackig steil. Um den Berg führen mehrere Rundwege herum, sodass sich die Tour beliebig verlängern lässt. Feste Schuhe sind ein Muss, denn die letzten Meter vor dem Gipfel führen über eine Basalthalde, eine wackelige Angelegenheit. Auch lange Hosen sind ratsam, am Rande der bisweilen schmalen Pfade wuchern Brennnesseln hüfthoch. Die Wanderung ist für Kinder von etwa zehn Jahren an geeignet, aber nur, wenn es sich nicht um notorische Quengler handelt.

Auf dem Gipfel geht es noch weiter nach oben, über 110 Stufen auf den 25 Meter hohen Aussichtsturm. Der Eintritt kostet einen Euro, wenn die Kasse denn besetzt ist. Oben zaust der Wind die Haare, der Turm schwankt wie nach drei Maß Bier. Die Sicht auf die Ebene ist grandios, Ochsenkopf, Schneeberg, Parkstein. Und Karpfenteiche.

Auf dem Rückweg, wenn man den Gipfel nicht mehr vor Augen hat, fallen einem erst die Eidechsen auf, ein Feuersalamander sogar, der sich auf dem aufgeheizten Vulkangestein wärmt, außerdem jede Menge Schmetterlinge. Und wenn es plötzlich in den Büschen knackt, ist das garantiert kein wild bieselnder Wanderer, sondern ein Reh.

Nadeschda Scharfenberg

Der Parkstein ist eine Art Zwillingsbruder des Rauhen Kulms. Humboldt nannte ihn den „schönsten Basaltkegel Europas".

Die Basalthalde unterhalb des Gipfels des Rauhen Kulms bietet Lebensraum für seltene Tier- und Pflanzenarten.

Mönche und Ritter

Basilika, Bibliothek, Burgruine: Der Kreis Tirschenreuth hat touristisch viel zu bieten.

Es ist gar nicht so leicht, dem Thema Fischzucht im Kreis Tirschenreuth zu entkommen. Sogar an Orten, an denen der Besucher es nicht vermutet, begegnet ihm der Karpfen. Zum Beispiel im Kloster Waldsassen. Denn ohne die Abtei gäbe es vermutlich die Fischzucht nicht. Die Zisterziensermönche förderten die Bauern und ihre Teiche massiv. Karpfen passte gut auf ihren Speiseplan, denn Zisterzienser dürfen kein Fleisch von vierbeinigen Tieren verzehren. Vor allem als Fastenspeise war der Fisch geeignet, der anders als sein Ruf mit fünf Prozent Fettgehalt recht mager ist. Außerdem war Karpfen im Mittelalter eine teure Delikatesse, ein Kilo kostete so viel wie sechs Kilo Rindfleisch oder 24 Maß Bier, die Zucht besserte die Klosterkasse auf. Heute ist Waldsassen ein Frauenkloster, sehenswert sind die Basilika mit ihren üppigen Bildern und Stuckaturen und die prächtige Bibliothek – ganz ohne Fisch.

Dafür ist der Karpfen in Tirschenreuth wieder allgegenwärtig. Wer tiefer eintauchen möchte in die Geschichte der Fischzucht, dem sei das Fischereimuseum empfohlen. Dort gibt es neben vielerlei Exponaten auch lebende Fische in vier Schauaquarien. Hinter dem Museum lädt das Gelände der Landesgartenschau von 2013 zum Spaziergang ein, einmal um den See und über eine Nachbildung der Steinernen Brücke. Für Kinder gibt es einen Spielplatz, mit Karpfen-Klettergerüst, was sonst.

Auch das mittelalterliche Fünftausend-Einwohner-Städtchen Kemnath mit seinen

In der Stiftsbibliothek Waldsassen mit ihren Büsten und Fresken kann es dem Besucher schon mal den Atem verschlagen.

bunten Häusern hat einen Kletter-Karpfen zu bieten. Und einen Fischbrunnen zum Füße kühlen. Das tut gut, wenn man den 2,8 Kilometer langen „phantastischen Karpfenweg" rund um den Stadtkern hinter sich hat. Der Besucher kann zwanzig bemalte Fische bewundern und etwas über die Stadtgeschichte lernen. Und wer die Augen aufmacht, entdeckt ein bezauberndes Marterl in einer Gartenmauer. Es ist ratsam, sich vor dem Rundgang in der Touristeninformation die Wegbeschreibung zu holen und gegen den Uhrzeigersinn zu laufen. In der anderen Richtung sind die Hinweistafeln leicht zu übersehen.

Gänzlich karpfenfrei ist die Burgruine hoch über dem nahen Waldeck. Vom Marktplatz braucht man 15 Minuten, der steile Aufstieg wird mit einer tollen Aussicht belohnt. Die Burg wurde 1124 erstmals urkundlich erwähnt, 1794 fiel sie einem Brand zum Opfer. Der Heimat- und Kulturverein hat die Ruine vorbildlich restauriert.

Nadeschda Scharfenberg

Der Karpfen lauert wirklich überall – zum Beispiel in Form eines Klettergerüsts auf einem Spielplatz in Tirschenreuth.

Die Burg Waldeck wurde im Jahr 1124 erstmals urkundlich erwähnt. Sie ist eine der ältesten Burgen in der Oberpfalz.

Selb

TSCHECHIEN

DEUTSCHLAND

Wunsiedel

Kloster
Waldsassen

Marktredwitz

Fischzucht Beer
Mitterteich

Phantastischer
Karpfenweg
Kemnath

Gartenschau-Gelände 2013

Burgruine Waldeck

Fischereimuseum
Tirschenreuth

A93

Rauher Kulm
Neustadt
am Kulm

Museum
Vulkanerlebnis
Parkstein

Neustadt a. d. Waldnaab

Weiden
in der Oberpfalz

2 km

Infoservice

Tirschenreuther Teichpfanne: Im „Land der tausend Teiche" gibt es mehr als 4700 Teiche, mit einer Wasserfläche von etwa 2000 Hektar. Zahlreiche Wanderrouten und Radwege erschließen eines der größten zusammenhängenden Teichgebiete in Deutschland. Infos unter www.stadt-tirschenreuth.de, www.erlebnis-fisch.de und www.fischzucht-beer.de.

Fischereimuseum im Museumsquartier Tirschenreuth: Regensburger Straße 6, 95643 Tirschenreuth, Telefon 09631/6122. Geöffnet Dienstag bis Sonntag von 11 bis 17 Uhr.

Museum Vulkanerlebnis Parkstein: Schlossgasse 5, 92711 Parkstein, Telefon 09602/6163910, www.vulkanerlebnis-parkstein.de. Geöffnet vom 1. April bis 31. Oktober Dienstag bis Sonntag von 10 bis 17 Uhr und vom 1. November bis 31. März Donnerstag bis Sonntag von 13 bis 17 Uhr. Dauerausstellung zur Entstehung des Basaltkegels Parkstein und zur Vulkanlandschaft Bayern-Böhmen. Eine Besonderheit ist die Simulation eines Vulkanausbruchs.

Burgruine Waldeck: Kontakt über Werner Klante, Schlossberg, 95478 Kemnath, Telefon 09642/70713, www.oberpfaelzerwald.de/burgruine-waldeck. Der Aufstieg zur Ruine lohnt, denn die Anordnung der Gebäude ist noch gut erkennbar. Ganzjährig frei zugänglich.

Kloster Waldsassen: Basilikaplatz 2, 95652 Waldsassen, Telefon 09632/92000 oder 920025, www.abtei-waldsassen.de. Unbedingt sehenswert ist die zum Kloster gehörende Stiftsbibliothek. Geöffnet von Palmsonntag bis Oktober jeweils Dienstag bis Sonntag und an Feiertagen von 11 bis 16 Uhr, Samstag von 10 bis 16 Uhr (Besichtigung nur mit Führung möglich). Von November bis Palmsonntag in der Regel von Mittwoch bis Sonntag von 13 bis 16 Uhr.

Etwa 160 Meter über dem Stadtzentrum liegt die Veste Coburg. Eingenommen wurde sie von Feinden nie, nur einmal übertölpelt. Ein General fälschte einen Brief und nahm die Burg ein.

Oberfranken

Dorado für Donaldisten

Schwarzenbach an der Saale, besser Fränkisch-Entenhausen, beherbergt Deutschlands erstes Museum für Comic und Sprachkunst.

Im Juni 2015 sprach der Hofer Amtsrichter Gerhard Severin ein Urteil, das viele verwundert hat, mindestens verwundert. Zu einer Haftstrafe von drei Jahren und drei Monaten verurteilte er einen Mann, der zuvor als der Waldläufer bekannt geworden war. Der Mann hatte etliche Jahre im Wald verbracht, Lebensmittel beschaffte er sich in Wochenendhäusern und Jagdhütten. 28 Diebstähle und 16 versuchte Diebstähle konnten dem Wiederholungstäter nachgewiesen werden. Für viele war der Mann eine Art Robin Hood,

Humorloser Jurist? Im Erika-Fuchs-Haus, einem Museum für Comic und Sprachkunst, kann man den Amtsrichter Gerhard Severin an der Seite von Donald Duck ganz anders erleben.

Der Museumsbau wurde 2015 eröffnet und keiner in Schwarzenbach an der Saale würde wohl behaupten, dass es dieses Haus auch ohne den Amtsrichter und Donaldisten Severin gäbe.

wenn auch in eigener Sache. Richter Severin aber sah das ganz anders. Prozessbeobachter schilderten ihn als ziemlich humorlosen Juristen. Als einen, der gar keinen Spaß versteht.

Sieben Monate später in Schwarzenbach an der Saale, zwölf Kilometer südlich von Hof. Im Museum für Comic und Sprachkunst kann man Severin, Anfang sechzig, dabei beobachten, wie er es gerade riskiert – wie sagt man das jetzt –, sich für ein paar Fotos zum Vollhonk zu machen. Er schneidet Grimassen, stößt mit Lust Urlaute aus, setzt sich ins Talerbad und beginnt, Entenhausen-Münzen in die Luft zu werfen, jauchzend wie ein euphorisiertes Kind. Das Museum ist im August 2015 eröffnet worden, einen Monat nach dem Prozess um den Waldläufer. Ohne Severin, den bekennenden Donaldisten, gäbe es das Haus gar nicht.

Severin hatte offenbar noch nie ein Problem damit, Spott auf sich zu ziehen. Als er noch Richter in Ingolstadt war, zierten sechzig donaldische Devotionalien sein Büro. Nach seinem Umzug nach Schwarzenbach, ins fränkische Entenhausen, marschierte er in Matrosenanzug und blauer Mütze durch die Stadt. Wie man das so macht als Donaldist und nicht nur, wenn grad Fasching ist. Sein Büro im Hofer Justizgebäude schmücken nun wieder diverse Donald-Utensilien. Er nennt sie: donaldisches Kulturgut.

An das Bild musste man sich in Schwarzenbach gewöhnen, als Severin von Oberbayern nach Franken umzog: Ein Richter im Donald-Aufzug. Inzwischen gehört das zum Stadtbild dazu.

Die Würde des Gerichts? Er würde niemals im Donaldkostüm das Gerichtsgebäude betreten, sagt Severin. Sein Leben als Donaldist aber sei „in der Justiz allgemein akzeptiert". Zumal ja jeder mitbekomme, wie genau er zu unterscheiden wisse zwischen Gerichtsstand und Talerbad.

Den Umzug nach Schwarzenbach hat Severin von langer Hand geplant. Er wollte dort leben, wo Erika Fuchs gewirkt hat, die deutsche Übersetzerin der Donald-Duck-Literatur. Vor sieben Jahren hat Severin seiner Frau mitgeteilt, dass das jetzt sein muss mit dem Umzug nach Oberfranken. „Sie hatte mich ja schon als Donaldist kennengelernt", sagt Severin. Habe also in etwa gewusst, worauf sie sich da einlässt.

Erika Fuchs war selbst der Liebe wegen nach Franken gezogen. Ihr ist in dem Museum ein eigener Raum gewidmet, ihr Leben als Comicstrip. Man sieht, wie ihr Liebhaber, ein Ingenieur, der Philosophie-Doktorin Fuchs ihre künftige Heimat präsentiert. Und man sieht eine Frau im Schockzustand. Seine Frau habe ähnlich reagiert, als er sie nach Schwarzenbach schleppte, sagt Severin. „Inzwischen fühlen wir uns hier beide wohl." Seine Frau akzeptiere seine Zweitexistenz: Nach der Arbeit im Gericht zieht sich der Richter sein Donaldshirt über und geht ins Museum. Jeden Tag.

Es ist ja auch irgendwie seins. Tausende Donalddinge besaß Severin schon, als er nach Schwarzenbach zog: Bücher, Heftchen, Figuren im Wert zwischen fünfzig Cent und fünftausend Euro. Der Bürgermeister war begeistert von der Idee, aus dem Fundus ein Museum zu machen. Geworden ist es aber ganz anders als ursprünglich geplant. Zum Glück, sagt Severin, ein Heimatmuseum für Freunde des Comics wäre womöglich öde geworden. Nun aber kann man enthemmte Erwachsene

Der Museumsbesucher taucht ins Paralleluniversum namens Entenhausen ab. Dessen Nachbarkommunen – unter anderem Kleinschloppen, Oberkotzau, Krötenbruck – finden sich allesamt in Oberfranken.

Nicht nur Dagobert, auch Besucher können im Schwarzenbacher Museum ein Talerbad nehmen. Oder – wie der Amtsrichter Severin – Donald-Duck-Sprechblasen nachspielen.

dabei beobachten, wie sie vor einer Kamera donaldische Grimassen für Sprechblasen schneiden und das halbe Museum darüber lacht. Man hört Menschen, die Texte mit Erikativen bilden – jauchz, jubel, jubilier –, und Onomatopoetisches in Mikrofone kreischen. Andere navigieren im Paralleluniversum namens Entenhausen auf der Suche nach oberfränkischen Übernahmen in die Comicweltliteratur: Kleinschloppen, Oberkotzau, Krötenbruck. Ein großer Spaß.

Den Amtsrichter Severin kann man jederzeit erleben im Museum, auch wenn er gerade nicht selbst Donaldsprechbla-

sen nachspielt. Per Videobotschaft erklärt er das Rechtssystem von Entenhausen. Es gibt dort Schnellgerichte. Die Panzerknacker sitzen ihre Strafen in Bildungseinrichtungen ab. Und die Schöffengerichte verdonnern Schuldige notfalls zu Trilliardenzahlungen. Auch wenn das 27 Mal mehr ist, als in ganz Entenhausen Geld im Umlauf ist. Über die Justiz in Entenhausen will Severin promovieren, sobald er in wenigen Jahren mit der Justiz in Bayern fertig ist. *Olaf Przybilla*

Ein Dichter, der nervt

Das Werk Jean Pauls wird kaum gelesen, aber umfassend erforscht.

Wie es weitergeht in Joditz? Ehrlich gesagt, man weiß es momentan nicht. Der Gründer eines der, jawohl, wunderbarsten Privatmuseen der Republik, Eberhard Schmidt, ist im Januar 2016 überraschend gestorben. Das Jubeljahr Jean Pauls 2013 habe ihrem Mann viel Ehre eingebracht, sagte Karin Schmidt kurz vor seinem Tod. Aber es hat ihn auch sehr viel Kraft gekostet. Womöglich zu viel.

Es gab – da ist sich die Jean-Paul-Gemeinde in etwa einig – nur einen rechtmäßigen Stellvertreter Jean Pauls auf Erden: Eberhard Schmidt. Klingt nach einer steilen These, kann man aber relativ gut überprüfen, weil die Gemeinde der Jean-Paul-Kenner übersichtlich ist und immer übersichtlich war. Warum? Die Würzburger Universität, die den Dichter und Zeitgenossen Goethes wie kaum eine andere durchleuchtet, hat das aus Anlass seines 250. Geburtstages mal auf einen Begriff gebracht: „Ein Dichter, der nervt", formulierten die Forscher.

Und die müssen es wissen. Dabei haben sie es sogar noch gut gemeint. Weniger Wohlmeinende sagen dem Dichter nach, er sei monomanisch veranlagt gewesen. Seine vierzigtausend überlieferten Kritzelseiten seien der blanke Horror für Freunde einer Ordnung, seine Texte enzyklopädisch ausufernd, stilistisch inkohärent und literarhistorisch höchstens im Nirwana zu verorten. Die Jean-Paul-Gemeinde wiederum grinst auf solche Vorhaltungen und pariert: eben. Deshalb ist er ja so großartig.

Die Jean-Paul-Gemeinde ist übersichtlich, ihrem Helden aber verfallen. Der Zeitgenosse Goethes gilt als schwer lesbar und gelegentlich ausufernd. Seine Fans schätzen ihn gerade deshalb.

Das Ehepaar Eberhard und Karin Schmidt hat in Joditz alles gesammelt, was an Jean Paul erinnert. Im Gästebuch besonders gelobt: Die Hingabe der Gastgeber an den Dichter der Oberfranken.

Die Hofer sagen: Paul war ein Bayreuth-Hasser. Die Bayreuther sagen: Ein Hof-Hasser war er. Aber als 2013 in Oberfranken alle mitbekamen, dass dieser Dichter wenn schon nicht gelesen, so doch bis in die kleinste Lebensregung erforscht wird, machte sich Stolz breit. Ein kluger Mann merkte an: Die Oberfranken sind ein in Teilregionen zerfallenes Völkchen. Aber ein Gemeinsames haben sie doch: Jean Paul. Der war fast überall mal in Oberfranken.

In Joditz auch. Eberhard Schmidt hat dort sein Paul-Museum unterhalten, normalerweise rief man vorher an und wurde dann herzlich willkommen geheißen. Im Moment geht das so erst mal nicht mehr. Aber versuchen kann man es schon, sagt Karin Schmidt, an einem guten Tag finde sie womöglich die Kraft, durchs Haus zu führen. 2017 soll es im Museum richtig weiter gehen. Leider dann ohne den wunderbaren Jean-Paul-Rezitator Eberhard Schmidt.   *Olaf Przybilla*

Joditz war die Jugendheimat von Johann Paul Friedrich Richter, wie der Dichter bürgerlich hieß. Elf prägende Jahre verbrachte er im Ort – die glücklichste Phase seines Lebens, wie er selbst schrieb.

Die Masche macht's

Der Landkreis Hof ist immer für eine Überraschung gut: Hier gibt es den längsten Schal der Welt.

Ein Einkaufsparadies wird man das Zentrum von Helmbrechts nicht nennen können, dafür stehen zu viele Großanbieter an der Stadtperipherie. Einen richtigen Buchladen aber gibt es noch in der 8000-Einwohner-Stadt und hier lässt sich eine Rundfahrt durch den Landkreis Hof sehr passabel beginnen. Der Bücherhof bietet nicht nur Aktuelles und Antiquarisches, man kann hier auch behaglich Kaffee trinken und ein Tagesgericht zu sich nehmen zu einem regionaltypisch geringen Preis: Keine fünf Euro kostet das Mahl. Voilà, so könnte der Buchhandel auch in der Kleinstadt eine Zukunft haben.

Dass es Helmbrechts, eine Stadt ohne die inzwischen standardisierte Fußgängerzone, nicht so leicht hat, erschließt sich sofort. Die Innenstadt ist auch an Werktagen nicht überbevölkert, als historisches Zentrum der Textilindustrie hat man zu kämpfen. Gerade im Winter aber hat die Stadt ihren Charme, unter Schnee bedeckt gäbe der Frankenwald eine ideale Kulisse für jede Eichendorff-Verfilmung ab. Im Textilmuseum kann man am längsten Schal der Welt mitstricken, in gewisser Weise lohnt auch ein Besuch auf dem Friedhof. Der ist ohnehin beschaulich, seit kurzem aber besonders sehenswert. Eine kleine Buddhafigur an einem der Gräber schlägt Wellen, nicht nur in Helmbrechts. Ein Besuch bringt vor allem die Erkenntnis: So viel Aufregung um so wenig Figur.

Wer Oberfranken bereist, aber partout nichts aus Schwein zu sich nehmen mag, soll-

Das Comic-Museum in Schwarzenbach kann man schon deshalb kaum übersehen, weil eine Skulptur in der Saale darauf hinweist, worauf sich die Stadt besonders versteht: Enten.

Helmbrechts entwickelte sich im 19. Jahrhundert zum Zentrum der oberfränkischen Handweberei. Um 1900 gab es in der Umgebung bereits mehr als dreitausend Handweber, die Schals und Tücher webten.

te das Konzept noch mal überdenken. Zur Aufnahme regionaler Kost empfiehlt sich der Braunschweiger Hof, der nicht in Niedersachsen liegt, sondern in der größten Stadt des Kreises, in Münchberg.

An der nächsten Station im Kreis Hof, in Schwarzenbach an der Saale, liegen Heiteres und Ernstes extrem nahe beieinander. Das Comicmuseum wird man kaum übersehen können, und wer auf dem Weg dorthin über die Saale-Brücke läuft, blickt auf die Emil-Erpel-Skulptur. Der gilt als Gründer von Entenhausen, als Pilgerfahrer soll er im 16. Jahrhundert nach Amerika gekommen sein und dort die Ansiedlung von Entenhausen betrieben haben. Die Skulptur stammt von Holzbildhauer Jochen Strobel, seit 2014 ist sie auf der Saale zu bewundern. Eine Ente gehört eben ins Wasser.

Eine Gehminute von Skulptur und Museum entfernt, auch in der Bahnhofstraße, nur etwas zurückgesetzt, mahnt die Gedenkstätte Langer Gang ans dunkelste Kapitel in der Geschichte der Region. Erinnert wird an die Opfer des KZ-Außenlagers Helmbrechts, an den Todesmarsch der Häftlinge. Erste Station des Marsches war Schwarzenbach, mindestens 147 Frauen kamen dabei ums Leben.

Olaf Przybilla

Am Übungswebstuhl kann sich jeder Besucher selbst erproben und am „längsten handgewebten Schal" mitweben. Mit seinen bisher fast viertausend Metern ist der sogar im Guinnessbuch der Rekorde eingetragen.

Wir bedanken uns für diesen Tipp bei Jürgen Benisch aus Helmbrechts.

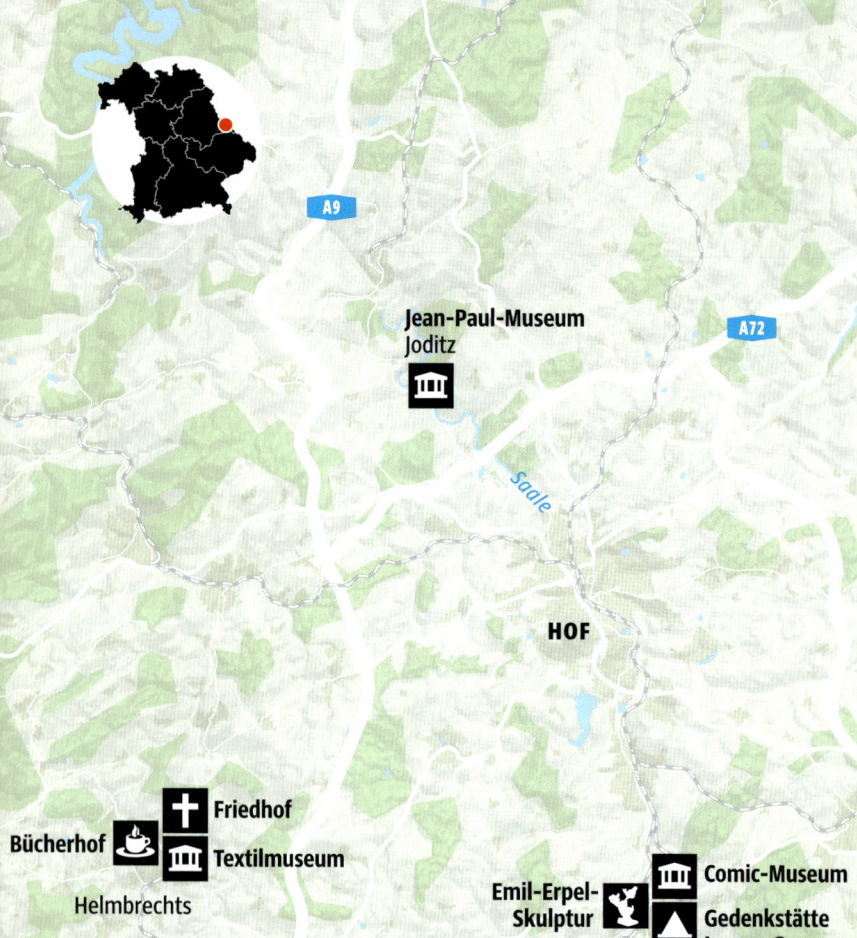

A9

A72

Jean-Paul-Museum
Joditz
🏛

Saale

HOF

✝ Friedhof
Bücherhof ☕
🏛 Textilmuseum

Helmbrechts

Emil-Erpel-
Skulptur 🕊 🏛 Comic-Museum
▲ Gedenkstätte
Langer Gang

Schwarzenbach

Braunschweiger Hof 🍴
Münchberg

2 km

Infoservice

Erika-Fuchs-Haus, Museum für Comic und Sprachkunst:
Bahnhofstraße 12, 95126 Schwarzenbach an der Saale,
Telefon 09284/9498120, www.erika-fuchs.de. Geöffnet immer
Dienstag bis Sonntag von 10 bis 18 Uhr.

Jean-Paul-Museum: Schlegelweg 2, 95189 Joditz, Telefon 09295/8188,
www.jean-paul-museum.de. Führungen nach telefonischer Vereinbarung
(Karin Schmidt).

Jean-Paul-Wanderweg: Infos unter www.jeanpaul-oberfranken.de.

Oberfränkisches Textilmuseum Helmbrechts: Münchberger Straße 17,
95233 Helmbrechts, Telefon 09252/92430, www.textilmuseum.de
Geöffnet von März bis November jeweils Dienstag bis Freitag von 10
bis 12 und von 14 bis 16 Uhr, am Wochenende und an Feiertagen von 10
bis 16 Uhr. Im Winter von Dezember bis Februar immer nur am Wochenende und an Feiertagen von 10 bis 16 Uhr göffnet.

Gedenkstätte Langer Gang: In Helmbrechts gab es ein Außenlager des
Konzentrationslagers Flossenbürg. Die Gedenk- und Erinnerungsstätte
befindet sich am Bahnhofsplatz 1 (Eingang Bahnhofstraße), 95126 Schwarzenbach a. d. Saale, www.schwarzenbach-saale.de/langer-gang. Geöffnet
jeden ersten Sonntag im Monat von 14 bis 16 Uhr oder Gruppenführungen
nach telefonischer Vereinbarung, Telefon 0171/7413272.

Hotel Braunschweiger Hof: Bahnhofstraße 13, 95213 Münchberg,
Telefon 09251/99400, www.braunschweigerhof.de.

Der Gletscher vom Frankenwald

Kernstück eines wunderbaren Skizentrums, die sogenannte Gletscherloipe, ist eine geniale Erfindung der Sportgemeinschaft Gösmes-Walberngrün.

Wir befinden uns hier auf 50 Grad, 13 Minuten, 45,7 Sekunden nördlicher Breite und 11 Grad, 38 Minuten, 48,6 Sekunden östlicher Länge sowie auf einer Höhe von 680 Metern über Normalnull, und die Nachricht, dass es hier einen Gletscher gibt, sollte bei Geografen und Klimaforschern in aller Welt als Sensation registriert werden. Dies ist der Frankenwald, ein eher sanfter Höhenzug zwischen Hof, Kulmbach und Bayreuth, ohne schroffe Gipfel und tiefe Schluchten, und einen Gletscher hat es in

Der Landrat nannte ihn schon mal eine „biblische Plage": Wenn Wilfried Vogel sich etwas in den Kopf setzt, dann lässt er nicht mehr locker.

diesem Landstrich nicht einmal während der letzten Eiszeit gegeben.

Aber wer von Helmbrechts auf der Staatsstraße 2195 in Richtung Presseck fährt, kurz hinter Ochsenbrunn links in Richtung Rappetenreuth und dann nach etwa fünfhundert Metern noch einmal rechts nach Walberngrün abbiegt, der steht plötzlich vor einer großen Orientierungstafel mit der Überschrift: „Skizentrum Walberngrüner Gletscher". Noch nie gehört vom Walberngrüner Gletscher? Kein Wunder. Es gibt ihn noch nicht allzu lange. Und genau genommen ist er auch eine Erfindung. Allerdings eine ziemlich geniale Erfindung. Irgendwann in den 1970er-Jahren sei es gewesen, sagt Wilfried Vogel, dass ihm der Gedanke kam. Er saß vor dem Vereinsheim der Sportgemeinschaft Gösmes-Walberngrün und schaute hinüber in die Senke des Walberngrüner Bächleins auf die Schneezunge, die sich da zwischen den Waldrändern herunterschob, und er fand, das sehe doch genauso aus wie eine dieser mächtigen Gletscherzungen in den Schweizer Alpen. Nicht ganz so gewaltig natürlich. Aber war nicht auch das Tal dieses Bächleins ein richtiges Kälteloch? Blieb der Schnee hier nicht immer viel länger liegen als überall sonst in der Region?

Zuerst ein Motorschlitten, dann eine Pistenraupe, und zum Schluss der Traum vom Flutlicht: Wo ein Wille ist, ist auch ein Weg.

Weiträumige Wiesen, gemächliche Aufstiege, sanfte Abfahrten: Ein Paradies für Langläufer.

Und so schuf Wilfried Vogel den Walberngrüner Gletscher.

Wilfried Vogel ist Mitte sechzig, Maschinenbauer von Beruf, aber seine Leidenschaft gehört dem Skilanglauf. Die SG Gösmes-Walberngrün ist ja eigentlich ein Fußballverein. Im Winter hielten sich die Fußballer mit Langlaufen fit. Aber 1981 wurde daraus eine eigene Wintersportabteilung, und Wilfried Vogel wurde ihr erster Vorsitzender. Er blieb es bis heute. Ohne ihn gäbe es das alles nicht: 25 Kilometer bestens gespurte Langlaufloipe. Das Herzstück: Die Gletscherloipe, vier Kilometer, genial angelegt im Tal des Walberngrüner Bächleins, und – man höre und staune – mit einem Flutlichtmast ausgerüstet. Sechs Strahler, 12 000 Watt, 56 000 Euro hat das gute Stück gekostet. Eine hochmoderne Pistenraupe. Eine Garage, um die wertvollen Fahrzeuge unterzustellen. Eine elektronische Zielanlage für Biathlon.

Manche sagen, der Vogel Wilfried sei ein Verrückter. Der Kulmbacher Landrat Klaus Peter Söllner hat ihn einmal „eine der sieben biblischen Plagen" genannt, wegen der unermüdlichen Hartnäckigkeit, mit der Vogel um Unterstützung für seine Projekte wirbt. Wilfried Vogel kann gar nicht anders. Der Walberngrüner Gletscher ist sein Leben. Angefangen hat es schon in den 1970er-Jahren, als die Volksskiläufe in Mode kamen. Damals haben sie ihre Spuren noch selbst mit den Skiern getreten. Dann kam der erste Motorschlitten, die erste gebrauchte Pistenraupe, und dann der Traum vom Flutlicht: Die Sportler waren ja alle berufstätig, und nach der Arbeit blieb dann gerade noch Zeit für eine oder zwei Runden, ehe es dunkel wurde. Es war ein mühsames Feilschen um Zuschüsse. Es gab Geld von der EU – der Frankenwald gilt als strukturschwache Region – und außer-

Am Anfang haben sie ihre Spuren noch selbst getreten. Heute ist die Gletscherloipe perfekt gespurt.

dem profitiert die SG Gösmes-Walberngrün von dem günstigen Umstand, dass Gösmes zum Landkreis Hof, Walberngrün aber zum Landkreis Kulmbach gehört. Aber das Geld ist das eine. Tausende freiwillige Arbeitsstunden von Wilfried Vogel und seinen Helfern sind das andere. Brücken mussten gebaut, sumpfige Wiesen trockengelegt werden, und im Winter wird, wenn das Wetter es erfordert, zweimal am Tag gespurt.

So kommt es, dass der einzige mitteleuropäische Gletscher nördlich der Alpen zu einer wirklichen Wintersportattraktion geworden ist. Wer am Sportlerheim in Walberngrün in die Loipe einsteigt, der kann stundenlang auf weiträumigen Wiesen zwischen dunklen Wäldern dahingleiten, abwechslungsreich zwischen gemächlichen Aufstiegen und sanften Abfahrten, von dienstags bis freitags auch abends bei Flutlicht. Wilfried Vogels Traum hat sich erfüllt. Nichts mehr zu wünschen übrig? Er zögert. Vielleicht mal Kunstschnee? Aber nein. Nicht wirklich.   *Hans Holzhaider*

Liegt der Schnee im Tal des Walberngrüner Bächleins nicht wirklich länger als anderswo? Ganz wie bei einem richtigen Gletscher?

Wir bedanken uns für den Tipp bei Reinhard Witzgall aus Helmbrechts.

Edle Wässer

Im kleinen Gasthof Steinlein gibt es ausgezeichnete Brände zu verkosten.

Fünf Straßenleuchten, ein Briefkasten, 68 Einwohner – das, sagt Herbert Steinlein, sei Neufang. Man könnte ergänzen: ein Feuerwehrhäuschen, ein Schützenhaus, ein Zigarettenautomat, eine kläglich meckernde, kleine Ziege. Und der Gasthof Steinlein.

„Das ist ein Bauerndorf, und wir sind eine Bauernwirtschaft", erklärt Herbert Steinlein. Sein Urgroßvater Johann Steinlein hat das Wirtshaus gegründet, das war so ungefähr 1860, jetzt führt sein Sohn Steffen Regie im Gasthof Steinlein, das ist also die fünfte Generation. Und so, wie die Wirtschaft vom Vater auf den Sohn überging, so kommen auch viele Gäste schon in der zweiten oder dritten Generation. Allzu viele haben nicht Platz: Mit 35 Leuten ist die kleine Wirtsstube beim Steinlein schon rammelvoll. Werktags gibt es Brotzeit; gekocht wird nur am Wochenende oder auf Bestellung: Roulade, Sauerbraten, Schäufele, mit zweierlei Knödeln und Blaukraut, und für den Preis eines Hauptgerichts legt ein Wirt in München nicht einmal das Besteck auf den Tisch.

Aber es gibt viele Gäste, die nicht des Essens wegen zum Steinlein kommen. Die eigentliche Attraktion hier ist der Schnaps. Wobei Schnaps ein viel zu profanes Wort ist für die edlen Wässer und Brände, die beim Steinlein ausgeschenkt werden. Schon seit 1794 ist das Brennrecht auf dem Grundstück verbrieft: 300 Liter Weingeist darf der Besitzer pro Jahr produzieren. Das ergibt gut 700 Liter Schnaps. Aber diese Menge schöpft

Ein solches Lächeln zaubert wirklich nur ein perfekter Obstbrand auf das Gesicht des Gastwirts Herbert Steinlein.

Herbert Steinlein nur selten aus. Denn bei ihm kommt ausschließlich selbst angebautes Obst in den Brennkessel. Vater, Groß- und Urgroßvater haben nur Korn und Zwetschge gebrannt. Herbert Steinlein hat eine Streuobstwiese angelegt, 2,4 Hektar sind es inzwischen: Zwetschge, Apfel, Birne, Mirabelle, Quitte, Wildkirsche. Möglichst lang muss das Obst am Baum bleiben, um Fruchtzucker zu bilden, sorgfältig muss es verlesen werden; kein Stengel, kein Blatt, keine angefaulte Stelle darf die Maische verunreinigen. Nichts wird zugesetzt – keine Hefe, kein Zucker, kein Schwefel, keine natürlichen Aromastoffe. Das Destillat wird auf 45 Prozent Alkoholgehalt verdünnt – darunter macht es Herbert Steinlein nicht, dem Geschmack zuliebe.

Was dabei herauskommt, wird in 0,35-Liter-Flaschen abgefüllt und nur an Ort und Stelle ausgeschenkt und verkauft. Es gibt ihn nicht bei Käfer und nicht im KaDeWe, obwohl deren Einkäufer schon vorstellig wurden, und auch im Internet kann man ihn nicht bestellen. Zwei Kilometer weiter, in Wirsberg, residiert Sternekoch Alexander Herrmann. Der hat einmal in einer Kochshow ein Kirschwasser von Herbert Steinlein angepriesen. Am nächsten Tag stand das Telefon nicht still im Gasthof Steinlein, aber der Wirt hat sie alle abblitzen lassen. Wer seinen Schnaps genießen will, muss sich schon hierher bemühen.

Hans Holzhaider

Nur selbst angebautes Obst kommt in den Brennkessel: Zwetschge, Apfel, Birne, Mirabelle, Quitte, Wildkirsche.

Die Quitte – eine Rarität. Manchmal reicht der Ertrag nur für ein paar Dutzend Flaschen. Dann gibt es eben nicht mehr.

Wallfahrtsorte

Ein Familienschloss, eine gotische Madonna und ein Sternekoch lassen Oberfranken leuchten.

Wenn die Wallfahrtszeit wieder richtig losgeht im Mai, dann kann es manchmal ein bisschen eng werden in Marienweiher, dem kleinen Dorf mit seinen 350 Einwohnern. Mehr als 5000 Pilger kommen jedes Jahr zur gotischen Madonna in der Basilika. Schon im 12. Jahrhundert soll die Wallfahrt begonnen haben, als ein sächsischer Fuhrmann ein Marienbild in einer hölzernen Kapelle aufstellte, zum Dank, weil ihn die Muttergottes vor den Räubern bewahrte, die das Straßenwirtshaus überfielen, in dem er nächtigte. So gefährlich geht es heute nicht mehr zu rund um Marktleugast, aber die Pilger kommen immer noch in einen der ältesten Wallfahrtsorte Bayerns. Mehrmals ist an der Basilika herumgebaut worden, ihr barockes Erscheinungsbild von heute stammt aus dem 18. Jahrhundert. Franziskanerpatres kümmern sich um die Pilger und zwei Wirtshäuser gibt es auch, wie es sich für einen soliden Wallfahrtsort gehört.

Mit ganz anderen Anliegen sind viele Menschen eine Zeitlang ins nahe gelegene Guttenberg gepilgert, wo der gleichnamige frühere Verteidigungsminister daheim war, bevor er in die Vereinigten Staaten auswanderte. Zahlreich zogen seine Anhänger damals vor das Familienschloss, das des ehemaligen Ministers Vater, der Dirigent Enoch zu Guttenberg, bewohnt, um der Familie ihre Solidarität auszudrücken und den Rücktritt des beliebten CSU-Politikers zu missbilligen, auch wenn dieser seine Doktorarbeit abgeschrieben hatte. Zugänglich ist das Schloss immer noch

Wem die deftig-traditionelle fränkische Küche nicht so zusagt, hält sich besser an die Gourmetkreationen von Alexander Herrmann.

Das Wallfahrtswesen in Marienweiher blüht bis heute, wie die zahlreichen Votivtafeln aus verschiedensten Zeiten belegen.

nicht, aber Heldengeschichten über die Guttenbergs kann man sich in dem Örtchen bestimmt noch lange erzählen lassen.

Noch mehr Geschichte gibt es in Kupferberg, mit 1200 Einwohnern eine der kleinsten Städte des Freistaats. Seit dem 14. Jahrhundert wurde dort Kupfererz abgebaut, damals waren mehr Leute im Bergwerk beschäftigt, als heute noch dort leben. Kupferberg erhielt im 14. Jahrhundert das Stadtrecht und erlebte dank des Bergbaus mehrere Blütezeiten. 1940 schließlich war es vorbei mit dem Abbau von Kupfererz. Ein Museum erzählt die Geschichte, außerdem bietet das Besucherbergwerk St.-Veit-Zeche Einblick in die geologischen Bedingungn und die historischen Arbeitsprozesse im Bergbau. An den alten Stollen vorbei führt ein mit Infotafeln reich bestückter Bergbauwanderweg nach Wirsberg.

Dort angekommen, kann der Wanderer einkehren. Beim Steinlein in Neufang zum Beispiel, wenn es deftig und traditionell sein soll. Aber auch für jene, die es etwas erlesener mögen, hat Wirsberg eine Adresse. Fernsehkoch Alexander Herrmann betreibt dort sein Romantik Posthotel. Wem also mitten in Oberfranken nicht nach Schweineschulter, sondern nach einer in Vanille gebratenen Königskrabbe ist, der kann in dem knallgelben Haus am Wirsberger Marktplatz einkehren.
Katja Auer

Die Ursprungslegende der Wallfahrt geht auf das 12. Jahrhundert zurück. Damit zählt Marienweiher zu den ältesten Marienwallfahrtsorten Deutschlands.

A9

Helmbrechts

B303

Münchberg

Walberngrüner Gletscher

Wallfahrtskirche Marienweiher
Marktleugast

Guttenberg

Bergbaumuseum
Kupferberg

Gasthof Steinlein mit Schnapsbrennerei
Neufang

B289

Kulmbach

Bergbau-Wanderweg nach Kupferberg
Wirsberg

Posthotel
Wirsberg

A70

B2

2 km

Bayreuth

Infoservice

Skizentrum Walberngrüner Gletscher: SG Gösmes-Walberngrün, Walberngrün 37, 95356 Grafengehaig, www.walberngruener-gletscher.de. Das Skizentrum liegt an der Staatsstraße zwischen Helmbrechts und Presseck (über die A9, Ausfahrt Münchberg Nord Richtung Helmbrechts, dann weiter Richtung Presseck; über die A70, Ausfahrt Neudrossenfeld Richtung Kulmbach. Weiter über Stadtsteinach und Presseck).

Gasthof-Brennerei Steinlein: Neufang 2, 95339 Wirsberg, Telefon 09227/73275, www.gasthof-steinlein.de. Geöffnet Montag, Mittwoch und Freitag von 16 bis 22 Uhr, am Samstag von 14 bis 22 Uhr und am Sonntag von 9.30 bis 22 Uhr.

Herrmanns Romantik Posthotel: Marktplatz 11, 95339 Wirsberg, Telefon 09227/2080, www.alexander-herrmann.de.

Bergbaumuseum Kupferberg und Besucherbergwerk St.-Veit-Zeche: Museum: Kirchplatz 3, 95362 Kupferberg; Besucherbergwerk: Wirsberger Weg 34, Kupferberg, Telefon 09227/9727833, www.bergbau-kupferberg.de. Geöffnet von Mittwoch bis Sonntag von 10 Uhr bis 17 Uhr. Führungen um 11, 14 und 15.30 Uhr oder nach Voranmeldung. Vom 2. November bis 15. März sind Besucherbergwerk und Museum geschlossen (in dieser Zeit Führungen von Gruppen möglich).

Basilika Marienweiher: Marienweiher 3, 95352 Marktleugast, Telefon 09255/946-0 (Pfarrbüro) oder 09255/808147 (Pilgerbüro), www.basilika-marienweiher.de. Tagsüber durchgängig geöffnet. Marienweiher zählt zu den ältesten Marienwallfahrtsorten Deutschlands.

Flechtwerk aus fränkischen Weiden

Lichtenfels gilt noch immer als das Zentrum der Korbmacher in Deutschland. Es gibt den traditionellen Korbmarkt und sogar eine Korbstadtkönigin.

Vielleicht beginnt man die Suche nach dem deutschen Zentrum der Korbmacher nicht in Lichtenfels, dort also, wo die braunen Schilder auf der Autobahn von der Deutschen Korbstadt künden. Sondern ein paar Kilometer weiter östlich, in der Gemeinde Michelau in Oberfranken. Ein überschaubarer, relativ schmuckloser Ort. Aber auch die Heimat des Deutschen Korbmuseums, das sich – an einem Werktag besucht –

Erst mal, um sich im oberfränkischen Kreis Lichtenfels zu orientieren, empfiehlt sich ein Besuch auf dem Staffelberg. Der Hausberg von Bad Staffelstein gilt als der Berg der Franken.

nicht eben als Publikumsrenner präsentiert: In den insgesamt 26 Schauräumen ist sonst niemand, außer der Dame an der Kasse. Das aber von einem Stück Sozialgeschichte erzählt, wie man es, Autobahnschilder hin oder her, so nicht mehr erleben kann im Landkreis Lichtenfels.

Was man nicht unbedingt bedauern muss. Das Museum zeigt, dass an der Schwelle zum 20. Jahrhundert die Korbmacherei etliche Zentren in Deutschland hatte, dessen Zentrum schlechthin aber in den Dörfern um Lichtenfels zu finden war. 1907 waren dort 7066 Personen in 3189 Kleinstbetrieben tätig, Schätzungen zufolge verdienten in der Region sogar fünfzehntausend Menschen zumindest einen Teil ihres Unterhalts mit der Korbmacherei. Oft freilich unter erbärmlichen Bedingungen: In einer Kammer waren bis zu sieben Personen mit der Arbeit am Korb beschäftigt, manche flochten 16 Stunden am Tag. Die Flechter nutzten das Material, das sie in den sandigen Auen des Maintals vorfanden: fränkische Weiden. Heute ein Werkstoff, den

Baier bietet individuelle Ideen. Auch herkömmliches Flechtwerk natürlich, aber – wenn es vom Kunden gewünscht wird – auch mal ein Kinderbett aus Korb oder ein Zelt.

Im Korbmuseum Michelau wird ein Stück Sozialgeschichte erzählt. 1907 gab es um Lichtenfels mehr als 3000 Korbmacherbetriebe. Das Museum zeigt Historisches und Neues.

In Lichtenfels gibt es Deutschlands einzige Berufsfachschule für Flechtwerkgestaltung.

selbst die wenigen noch verbliebenen Korbmacher kaum mehr verwenden.

Konjunktur hatten die Korbmacher im 20. Jahrhundert noch zweimal, jeweils in der Zeit der beiden Weltkriege: Für Granaten und andere Geschosse waren Transportkörbe gefragt. Danach ging es bergab. Wie viele Korbmacher es heute noch gibt in der Region um die Deutsche Korbstadt, darüber geht die Ausstellung elegant hinweg. Die freundliche Frau an der Kasse, sie ist gleichzeitig wissenschaftliche Mitarbeiterin des Museums, vermutet, es dürften „mehr als zehn" sein. Allerdings in erster Linie Rentner, die ihre filigrane Ware im Museumsshop anbieten. Zu Preisen freilich, mit denen man eine Familie kaum ernähren könnte. Mit der Importmassenware aus Fernost, vor allem aus Indonesien, können die Flechter aus Franken längst nicht mehr mithalten.

Und so drohte der Korbhandelsstadt Lichtenfels, in die an Wochenenden einst Tausende Korbmacher strömten, eine seltsame Situation. Zwar hat das Schild an der Autobahn durchaus noch seine Berechtigung: Es gibt einen großen Korbmarkt, am 20. und 21. September wird man in Lichtenfels von Einkaufskörben bis zu Designmöbeln wieder so ziemlich alles finden können – allerdings bei weitem nicht ausschließlich in der Region hergestellte Ware. Es gibt auch eine Korbstadtkönigin, Deutschlands einzige Berufsfachschule für Flechtwerkgestaltung, ein Innovationszentrum für Marketing, Design und Technologie und auf dem Marktplatz den angeblich größten Geschenkkorb der Welt. Aber Korbmacher im Hauptberuf?

Carsten Baier versucht es einfach. 2013 hat der Familienvater ein Geschäft in der Nähe des Lichtenfelser Bahnhofs eröffnet, im Schaufenster steht seine Ware, drinnen sitzt Baier und flechtet. Er stammt aus Sachsen, in Lichtenfels hat er sich zum Korbmacher ausbilden lassen, aber dass er damit mal ein Geschäft aufmachen würde, hätte er selbst für unwahrscheinlich gehalten. Zwanzig Kollegen waren mal in seinem Ausbildungsjahrgang, beendet haben ihn zwölf und zwei davon haben heute noch etwas mit Körben zu tun. Baier selbst hat jahrelang mit anderem Geld verdient.

Aber jetzt passt es gerade für ihn. Seine Partnerin hat einen guten Job, er kann im Geschäft flexibel auf die Kinder aufpassen und in die schwarzen Zahlen ist er im ersten Jahr auch gekommen. „Läuft erstaunlich gut", sagt Baier. Er bietet individuelle Ideen, ein Zelt aus Korb, ein Kinderbett aus Korb, beides für etwa fünfhundert Euro, genauso wie der fein und extrem stabil gearbeitete Korbstuhl. Klar, gegen schwedische Möbelhäuser kommt er damit nicht an, in Lichtenfels aber scheinen die Leute das zu wissen und honorieren es. Ein Kollege Baiers am Marktplatz macht es genauso, auch er erzählt, dass das ziemlich gut funktioniere. Es ist, könnte man sagen, die neue Generation von Korbmachern in der Region. Eine überschaubare Szene. Dafür eine, wie es sie in Lichtenfels noch nie gegeben hat. *Olaf Przybilla*

Auf seine Korbstadtkönigin ist die Kreisstadt Lichtenfels stolz und auf einen sehr beliebten Korbmarkt. Nicht zu vergessen: der größte Geschenkkorb der Welt.

Für den Tipp bedanken wir uns bei Michael Thiedmann aus Neuendettelsau.

Den Preußen sei Dank

Wie ein Gesetz den Staffelberg vor Verschandelung bewahrte

Was man in einem Museum einer fränkischen Kleinstadt nicht gleich vermuten würde: Man lernt die preußische Gesetzgebung zu schätzen im Stadtmuseum von Bad Staffelstein. Der Kurort ist das touristische Zentrum im Landkreis Lichtenfels, wer hier absteigt, blickt am Horizont auf eine bemerkenswerte Anzahl überdurchschnittlicher Sehenswürdigkeiten: Kloster Banz, Vierzehnheiligen und den mythischen Berg der Franken, den Staffelberg. Eben den, könnte man sagen, haben die Preußen gerettet. Und zwar mit ihrem Gesetz gegen die Verunstaltung von Ortschaften und landschaftlich hervorragenden Gegenden aus dem Jahr 1907. Damals waren die glühenden Verehrer des Victor von Scheffel am Werk, der das bis heute mit Inbrunst geschmetterte „Frankenlied" in sechs Strophen gedichtet hat. In dem Lied spielt der Staffelberg eine tragende Rolle. Und also sollte Scheffel ein Denkmal gesetzt werden. Und kein kleines, versteht sich

Im Dachgeschoss des Museums steht ein Pappkubus, mit dem man zum Fenster gehen, von dort hinausblicken und durch den Kubus hindurch ermessen kann, was das für ein Mordstrumm hätte werden sollen, das Denkmal für den Dichter Scheffel: 16 Meter hoch, von der naturschönen Anmut des Sattelberges wäre danach nur wenig übrig geblieben. Wer hat's gerettet? Der Preuße, das lernt man im Museum von Bad Staffelstein. Dass Scheffel ein Frankenversteher, aber eher kein Frankenkenner war, lernt man dort

In Bad Staffelstein kann man lernen, dass der Staffelberg, der Mythosberg der Franken, in seiner heutigen Gestalt von den Preußen gerettet wurde.

auch. Den heiligen Kilian etwa funktionierte der Dichter im Lied zum Schutzpatron des Weines um, tatsächlich ist das aber der Heilige Urban. Übel genommen hat dem Dichter das niemand, Scheffel stammte aus Karlsruhe und kannte Franken nur von der Durchreise. Was wollte man da viel erwarten?

Noch einen zweiten Fokus setzt das Museum und der ist kaum weniger interessant. In Staffelstein nämlich wurde um 1492 Adam Ries geboren, der Mann, der unter dem volkstümlichen Namen Adam Riese die Mathematik seiner Zeit popularisierte. „Was Luther mit der Bibel gemacht hat, das machte Ries mit der Rechenlehre seiner Zeit", sagt die Stadtarchivarin Adelheid Waschka, die Leiterin des Museums. Die historische Bedeutung seiner in deutscher Sprache veröffentlichten Werke war immens, denn plötzlich konnten sich auch Bürger ohne Lateinkenntnisse in die Kunst der Mathematik einlesen, mussten sich also „auf den Märkten der Zeit nicht mehr bescheißen lassen", sagt Waschka.

Das Zentrum der Ries-Forschung liegt heute im sächsischen Annaberg-Buchholz, wo Ries seit 1522 lebte und eine Rechenschule eröffnete. Mit dem Museum dort kann das Staffelsteiner Haus nicht mithalten, aber auch in der schmalen Abteilung in Oberfranken kann man lernen, was es mit dem Mann auf sich hatte, der heute noch in der Redensart „nach Adam Riese" präsent ist. Empfehlenswert ist vor allem der sogenannte Abakus, ein liniertes Brett mit Rechenpfennigen, auf dem man Addieren lernt wie zu den Zeiten des großen oberfränkischen Rechenmeisters.

Olaf Przybilla

Dem Dichter des Frankenlieds, Victor von Scheffel, sollte auf dem Staffelberg ein Denkmal gesetzt werden, ein Mordstrumm. Von der Anmut des Berges wäre dann wenig übrig gewesen.

Auch Adam Ries wird im Museum gewürdigt. Wohl im Jahr 1492 wurde in Staffelstein der Mann geboren, der unter dem volkstümlichen Namen „Riese" die Mathematik seiner Zeit popularisierte.

Berg der Franken

Der Staffelberg bietet einen grandiosen Blick auf den Gottesgarten.

Es nützt ja alles nichts. Im Museum von Bad Staffelstein hat man gerade vom „Lied der Franken" gelesen, von diesem unter poetischen Gesichtspunkten eher mittelprächtigen Elaborat des Herrn von Scheffel, und also ist es nun im Kopf. Wer je das Vergnügen hatte, Feiern von CSU-Politikern in ihrer fränkischen Heimat beiwohnen zu dürfen, dem sind zumindest ein paar Brocken geläufig und mindestens mal der Anfang. „Wohlauf, die Luft geht frisch und rein, wer lange sitzt, muss rosten." Und am Ende der ersten Strophe irgendwas mit Franken, genau: „Ich will zur schönen Sommerszeit ins Land der Franken fahren, valleri, vallera, ins Land der Franken fahren!" Und noch mal: „Ins Lahaaand der Franken" und so weiter. In der vierten Strophe steigert sich der Text zu einer Art Höhepunkt: „Zum heil'gen Veit von Staffelstein komm ich empor gestiegen, und seh' die Lande um den Main zu meinen Füßen liegen." Also hoch jetzt auf den Staffelberg, am besten vom hübschen Ort Romansthal aus, von wo aus es zum Gipfel des Frankentums zwar steil, aber übersichtlich lang hinauf geht. Was gut ist, immerhin muss man die ganze Zeit Bruchstücke dieses Liedes singen.

Was soll man sagen? Die Bratwurst dort oben ist vorzüglich und kostet mit Kraut und Bier ungefähr so viel wie ein Bier in München ohne Wurst und ohne Brot. Und der Blick über den völlig zurecht so genannten Gottesgarten des oberen Maintals ist, valleri, tatsächlich

„Wohlauf, die Luft geht frisch und rein": Auch die spätbarocke Wallfahrtsbasilika Vierzehnheiligen kann man vom Staffelberg aus mühelos zu Fuß erreichen.

ein Traum. Im Sommer 2014 ist eine Frau mit dem Auto vom Gipfel des Berges gestürzt, das Auto war Schrott, der Frau ist nichts passiert. Man könnte das mit diesem umwerfenden Blick vom Gipfel aus begründen, wäre das Ganze nicht nachts passiert. Wie auch immer.

Den Weg hinauf flankieren bunte Schilder, die andeuten, dass man mit derselben Berechtigung auch diverse andere Wege in dieser Region hätte wählen können und ästhetisch dabei nicht schlechter beraten gewesen wäre. Vierzehnheiligen natürlich, die spätbarocke Basilika nach den Plänen von Balthasar Neumann erbaut, ist vom Staffelberg aus selbst für Sänger des Frankenliedes und die Freunde oberfränkischer Braukunst mühelos zu Fuß zu erreichen.

Zeitlich etwas aufwendiger: Der Weg hinüber auf die andere Talseite zum Kloster Banz, das man unter keinen Umständen den Klausurteilnehmern der CSU überlassen sollte. Schon der tadellosen „Kleinigkeiten zum Sattwerden" in der Klosterklause wegen, die offenbar für Kleinfamilien gedacht sind. Ein weniger bekanntes Schmankerl für Gottesgartenbesucher am Ende: die ästhetisch unauffällige Halle des Ortes Rattelsdorf. Trotzdem gibt es Leute, die dort niederknien. In der Halle trainierte ein gewisser Dirk Nowitzki. *Olaf Przybilla*

„Ich will zur schönen Sommerszeit ins Land der Franken fahren": Und gerne auch auf die andere Talseite des Gottesgartens, ins nicht nur bei der CSU beliebte Kloster Banz.

Nicht jeder besucht die Halle von Rattelsdorf. Nowitzki-Fans aber knien dort nieder, denn dort trainierte der Basketballstar. Für Ästheten besser geeignet: das Rathaus von Staffelstein.

Deutsches
Korbmuseum

Michelau

Korbmacher

B 289

Lichtenfels

Kloster Banz

Basilika
Vierzehnheiligen

Museum
Bad Staffelstein

Staffelberg

Main

A 73

Unterleiterbach

Trainingshalle
von Dirk Nowitzki

Rattelsdorf

Itz

2 km

Infoservice

Deutsches Korbmuseum: Bismarckstraße 4, 96247 Michelau, Telefon 09571/83548, www.gemeinde-michelau.de. Im Sommerhalbjahr von April bis Oktober Dienstag bis Sonntag von 10 bis 16.30 Uhr geöffnet, von November bis März Dienstag, Mittwoch und Donnerstag von 10 bis 16.30 Uhr und am Freitag von 10 bis 15 Uhr geöffnet. Von Mitte Dezember bis Mitte Januar komplett geschlossen.

Stadt- und Heimatmuseum Bad Staffelstein: Kirchgasse 16, 96231 Bad Staffelstein, Telefon 09573/331030, www.bad-staffelstein.de. Geöffnet von April bis Oktober Dienstag bis Freitag von 10 bis 12 und von 14 bis 17 Uhr, am Wochenende und an Feiertagen von 14 bis 17 Uhr. Von November bis zum Beginn der Osterferien jeweils Dienstag und Samstag von 14 bis 16 Uhr geöffnet.

Kloster Banz: Bildungszentrum Kloster Banz, 96231 Bad Staffelstein, Telefon 09573/337-0, www.klosterbanz.de. Öffentliche Führungen in der Regel Dienstag um 10 Uhr, Mittwoch um 15 Uhr, Donnerstag um 14 Uhr und Samstag ebenfalls um 14 Uhr. Am besten telefonisch erfragen, ob eine Führung stattfindet. Sehenswert ist die Klosterkirche, geöffnet täglich von 9 bis 16 bzw. 17 Uhr. (Kontakt für Führungen in der Klosterkirche: Telefon 09573/5992 oder 7311.) Museum Kloster Banz: Geöffnet von April bis Oktober von 10 bis 17 Uhr, im März und November von 10 bis 16 Uhr.

Basilika Vierzehnheiligen: Vierzehnheiligen 2, 96231 Bad Staffelstein, Telefon 09571/95080, www.vierzehnheiligen.de. Die Basilika ist im Sommer vom 1. Mai bis zum 30. September täglich von 6.30 bis 20 Uhr und im Winter vom 1. Oktober bis zum 30. April von 7.30 bis 17 Uhr geöffnet, außer während der Gottesdienstzeiten. Kirchenführungen finden jeden Dienstag um 14.30 Uhr statt.

Stadt im Grünen: Alzenau liegt idyllisch zwischen der Main-ebene und den Ausläufern des Spessarts.

Unterfranken

Die Stehgeigerin

Elena Iossifova ist die Leiterin des Kurorchesters Bad Kissingen, das mehr als 700 Konzerte im Jahr spielt.

E s dauert keine Minute, da wippt die erste Sandale mit Korkfußbett im Dreivierteltakt. Es ist kurz nach halb elf in der Wandelhalle zu Bad Kissingen. Die Kurgäste haben gefrühstückt (oder gefastet), ihren ersten Spaziergang hinter sich. Da kommt ein bisschen musikalische Ablenkung gerade recht beim vormittäglichen Kurkonzert. Die Bühne ist drehbar, an diesem Tag wird drinnen gespielt, weil es im Kurpark noch frisch ist. Das Konzert startet mit einem Walzer, gute Laune, eins, zwei, drei. Hinter ihren

Blick über die Fränkische Saale und den Rosengarten zum Regentenbau. Sehr gemütlich: eine Fahrt mit dem Saale-Dampferle.

Notenpulten sitzen die Musiker – und vorne dran steht die Chefin mit ihrer Geige. Sie vibriert mit der Musik, mit dem Körper gibt sie Takt- und Tempowechsel vor. An besonders schwungvollen Stellen leuchtet ihr Gesicht. „Wir machen Musik, mit der man sich gut fühlt", wird sie später sagen. Und in der dritten Reihe flüstert ein silberhaariger Mann seinem Sitznachbarn zu: „Toll, klasse!"

Die Chefin, das ist die Bulgarin Elena Iossifova, Jahrgang 1980, geboren in Burgas am Schwarzen Meer. Mit fünf Jahren erster Geigenunterricht, weil eine musikalische Kindergärtnerin meinte, sie habe „gute Geigenfinger". Die Diagnose traf zu, Elena besuchte das Musikgymnasium, studierte Violine am Mozarteum in Salzburg.

Sie hat zu ihrer Lieblingsbank geführt, hinter der Wandelhalle in der Sonne, fern vom Strom der Kurgäste, die sie gerne mal ansprechen. Jetzt trägt sie nicht mehr die seriöse Konzertkluft – an diesem Tag eine schwarze Hose mit türkisfarbener Chiffonbluse –, sondern löchrige Jeans, quietschbunte Plateausandalen und eine große Sonnenbrille. Iossifova bietet Wasser aus Plastikbechern an und Bio-Mandelkekse. Dann erzählt sie, sprudelnd wie ein Whirlpool, wie sie ins nicht gerade jugendlich-dynamische Bad Kissingen kam und als erste Frau an die Spitze des Kurorchesters mit seiner mehr als 175-jährigen Geschichte.

Gute Laune im Dreivierteltakt: Die Bulgarin Elena Iossifova ist die erste Frau an der Spitze des altehrwürdigen Kurorchesters.

In der Postkutsche haben nur neun Fahrgäste Platz. Deshalb sollte man sich frühzeitig um Tickets kümmern.

*Konzert auf der Dreh-
bühne im Kurpark.
Bei schlechtem Wetter
sitzt das Publikum in
der Wandelhalle. Die
Postkarte zeigt den
Musikpavillon im Jahr
1899.*

Eigentlich ist alles ganz einfach: Nach dem
Diplom spielte sie in verschiedenen Orchestern als Aushilfe, unter anderem in Bad Reichenhall. Dort lernte sie einen ungarischen
Kontrabassisten kennen, sie verliebten sich,
heirateten, haben inzwischen zwei Kinder.
Irgendwann bekam ihr Mann eine Stelle am
Meininger Theater nahe der thüringisch-
bayerischen Grenze. Sie suchte Arbeit in der
Nähe, las die Ausschreibung für die Kapell-
meisterstelle in Bad Kissingen. „Ich dachte,
ich mag Salonorchester, ich probier's einfach
mal", erzählt sie. „Und es hat geklappt." Die
Kurdirektion erhoffte sich durch ihre Einstel-
lung neuen Schwung.

Seit 2010 pendelt sie täglich von Meinin-
gen nach Bad Kissingen und arbeitet mit den
zwölf anderen Musikern des Kurorchesters
zusammen. An sechs Tagen die Woche (mon-
tags ist spielfrei) tritt das Orchester jeweils
vormittags und nachmittags auf, die Konzerte dauern sechzig bis neunzig Minuten,
dazu kommen Sonder- und Wunschkonzerte.
2012 schaffte es das Ensemble ins Guinness-

buch der Rekorde, als Orchester mit den meisten Auftritten: 727 Konzerte zählten die Protokollanten innerhalb eines Jahres – ein schöner Werbeeffekt für die Stadt. Mehr als 700 Stücke haben die Musiker im Repertoire, damit kommen sie drei Wochen ohne jegliche Wiederholung durch die Kurkonzerte. Zwischen den Auftritten wird geprobt, man merzt Fehler aus und arbeitet an neuen Stücken. Und dann müssen die Musiker auch noch jeder für sich üben, „wenn ich das nicht mache, roste ich ein", sagt Iossifova.

Dazu kommen für die Chefin jede Menge Papierkram, das Organisieren von Vertretungen für urlaubende oder kranke Kollegen, Gespräche mit Arrangeuren. Und das Angequatscht-Werden von Kurgästen und Bürgern, an das sich Elena Iossifova erst gewöhnen musste. „Ach, aber es ist ein guter Job", findet sie, „eine Festanstellung, unbefristet, gut bezahlt." Ihre Kinder seien daran gewöhnt, dass die Mama selten da sei – „aber wenn ich Zeit habe, dann machen wir etwas Besonderes, wir backen zusammen Kuchen oder so".

Aber fehlt ihr das nicht, zwischen all den Walzern und Polkas mal eine Brahms-Sinfonie zu spielen oder Dvořák in großer Besetzung? „Doch", sagt sie, aber diese Sehnsucht lässt sich stillen: Manchmal vertritt sie Kollegen in Sinfonieorchestern, die Chefin ist dann Aushilfe. „Man braucht das ab und zu, um vielseitig zu bleiben", sagt sie.

Aber auch das Repertoire des Kurorchesters wird vielseitiger, seit Kurzem werden auch Musicaltitel und Filmmusik gespielt, für eine Verjüngung des Publikums. Die Kurverwaltung hat sogar zwei E-Geigen bestellt. Elena Iossifova war sehr gespannt auf die Lieferung – „und dann musste ich erst mal üben". *Nadeschda Scharfenberg*

Das Kurorchester hat es 2012 ins Guinnessbuch der Rekorde geschafft, mit 727 Konzerten innerhalb eines Jahres.

Für den Tipp bedanken wir uns bei Edgar Brendel und Norbert Paulus aus Bad Kissingen.

750 Pfund Bismarck

Der Reichskanzler, ein Mann von Gewicht, kurte fünfzehn Mal in der Stadt.

Eigentlich ist es ein Wunder, dass aus der Liebe Otto von Bismarcks zu Bad Kissingen überhaupt etwas geworden ist. Denn der Anfang der Beziehung stand unter einem schlechten Stern. Bei seinem ersten Kuraufenthalt 1874 wurde der Reichskanzler von dem zwanzig Jahre alten Böttchergesellen Eduard Kullmann angeschossen. Der fanatische Katholik wollte Bismarck ermorden, weil dieser versuchte, den Einfluss der Kirche auf die Politik zu beschneiden. Bismarck reiste trotz seiner Handverletzung nicht etwa ab, sondern kommentierte lakonisch: „Die Sache ist zwar nicht kurgemäß, aber das Geschäft bringt es eben so mit sich."

Bismarck, der an Übergewicht, Gastritis, Venenentzündungen, Gicht und Schlaflosigkeit litt, kehrte vierzehn Mal in die Kurstadt zurück, die König Ludwig II. 1883 zum Staatsbad erhob und die zu dieser Zeit einen Aufschwung erlebte: Zum Beispiel war Bad Kissingen führend im Kanalisationsbau, 1890 war die Stadt als erste in Bayern mit allen Häusern an das Abwassersystem angeschlossen. Der Mittelpunkt des Deutschen Reiches lag also für insgesamt mehr als sechzig Wochen in Bad Kissingen, genauer gesagt in der Oberen Saline.

Der Reichskanzler residierte dort im Anwesen des Fürstbischofs Adam von Seinsheim und widmete sich nicht etwa gänzlich der Gesundheitspflege, sondern führte seine Amtsgeschäfte fort. Am schweren Schreibtisch unter der Blumentapete entstand eines der politischen Schlüsseldokumente des 19. Jahrhunderts, das Kissinger Diktat, das

Otto von Bismarck (links) mit seinem Leibarzt vor der Oberen Saline. Das Gebäude beherbergt heute das Bismarck-Museum.

Bismarck am 15. Juni 1877 seinen Sohn Herbert notieren ließ, weil er sich seit dem Attentat mit dem Schreiben schwer tat. Bismarck skizzierte darin seine außenpolitische Idee, die Großmächte mit einem Bündnissystem in Schach und von Angriffen auf das Deutsche Reich fernzuhalten.

Heute beherbergt die Obere Saline das Bismarck-Museum. Die Wohnräume mit ihren klobigen Möbeln sind im Original erhalten, außerdem zu sehen ist die Waage Bismarcks, auf der sich der Fürst am Anfang und Ende seiner Aufenthalte öffentlich wiegen ließ. Insgesamt 750 Pfund soll er bei seinen 15 Kuren verloren haben. Die Obere Saline liegt etwas außerhalb. Wer die drei Kilometer nicht zu Fuß gehen möchte, kann mit dem Dampferle fahren und dann noch 800 Meter an der Fränkischen Saale entlangspazieren.

Auch außerhalb des Museums lässt sich auf Bismarcks Spuren wandeln: Das lebensgroße Denkmal an der Unteren Saline wurde noch zu seinen Lebzeiten enthüllt, er selbst soll es allerdings gemieden haben, weil er nicht neben sich stehen wollte. An das Attentat von 1874 erinnert eine Gedenktafel, auf dem Sinnberg thront der Bismarckturm als ewiges Andenken. Und es gibt Bismarck-Kornschnaps, Bismarck-Schokobussis, Bismarck-Gummibärchen – mehr oder weniger geschmackvolle Gesellschaft für den guten alten Bismarckhering.

Nadeschda Scharfenberg

Das Bismarck-Museum liegt etwas außerhalb. Es empfiehlt sich ein schöner Spaziergang dorthin – oder eine gemütliche Fahrt mit dem Dampferle.

Alternde Schönheit

Das Staatsbad hat sich eine Verjüngungskur verordnet und setzt auf Wellness und Entschleunigung.

In Bad Kissingen sehen Ferraris so aus: weniger als ein PS, Spitzengeschwindigkeit zwischen sechs und fünfzehn Stundenkilometern, ein Sitzplatz. Vor dem Fachgeschäft für Seniorenbedarf Horst Ferrari an der Kurpromenade stehen drei Elektromobile für Senioren. Auf einem Zettel ist neben dem Preis zu lesen: „Gönnen Sie sich eine Probefahrt! Gleich Termin vereinbaren."

Bad Kissingen ist, wie so viele Kurorte, ein Seniorenzentrum. Überall Rollatoren, die vorherrschenden Haarfarben sind grau und weiß. Die Stadt, in der einst Rossini, Kaiserin Sisi oder Bismarck gesundeten, ist gemeinsam mit ihren Kurgästen in die Jahre gekommen. In so mancher Hotelvilla ist die Zeit stehen geblieben: wuchtige Polstermöbel, abgewetzte Teppiche, wild gemusterte Vorhänge. Mitten in der Stadt klafft ein gewaltiges Loch: Das Steigenberger, einst das erste Hotel am Ort, musste 2010 aus Brandschutzgründen schließen. Da sich bislang kein Betreiber gefunden hat, wurde ein Teil abgerissen und das dahinter liegende Kurhausbad zugesperrt.

Die Gesundheitsreformen der 1990er- und der Nullerjahre haben den Kurbädern einen Umbruch sondergleichen beschert. Im Freistaat wurden im Jahr 2015 nicht einmal mehr zwanzigtausend Kuren verschrieben, fünfzehn Jahre zuvor waren es noch mehr als hunderttausend. Um neue Gäste zu gewinnen, hat sich Bad Kissingen deshalb selbst eine Verjüngungskur verordnet: Die Stadt nennt sich *Chronocity*, setzt auf das Mode-

Vier Heilquellen für Trinkkuren sprudeln in Bad Kissingen, die Brunnenfrauen beantworten beim täglichen Ausschank alle Fragen dazu.

thema Entschleunigung und erwägt, aus der Sommerzeit auszusteigen. Das zweite Modethema ist Wellness, seit 2004 gibt es eine Therme mit Saunen, Peelings und einem Solebecken unter künstlichem Sternenhimmel. Sie scheinen vieles richtig gemacht zu haben in Bad Kissingen: Im Jahr 2015 zählte man 1,6 Millionen Übernachtungen – so viele wie seit 19 Jahren nicht.

Die Stadt ist aber nicht nur für Gesundheitstouristen, sondern auch für Tages- oder Wochenendausflügler geeignet, denn für einen Kurztrip hat sie genau die richtige Menge an Sehenswürdigkeiten: die größte Wandelhalle Europas zum Beispiel, in der man den Kurkonzerten lauschen und die Heilwässer probieren kann, die nach rostigen Nägeln schmecken; den Regentenbau mit dem wunderschönen grünen Saal; die Parks; die alte Saline, in der man mitten in Unterfranken Seeluft schnuppern kann; das denkmalgeschützte Terrassen-Freibad, das neben einem Senioren- auch einen Familienbereich hat.

Das alles lässt sich zu Fuß erreichen, oder mit dem Saale-Dampferle oder dem Kurbähnle. Und wer es ganz gemächlich mag, der sollte sich rechtzeitig einen der neun Plätze für eine Fahrt mit der Postkutsche nach Bad Bocklet oder Schloss Aschach reservieren.

Zum Ausklang sei als Alternative zum Kännchenkaffee ein Drink am Stadtstrand an der Saale empfohlen. Aber Vorsicht: In den tiefen Klappstühlen bleibt man nur zu gerne sitzen. *Nadeschda Scharfenberg*

Die Wandelhalle, entworfen von Max Littmann, ist mit 3 240 Quadratmetern Fläche die größte Trinkkurhalle der Welt.

Wellness statt Wannenbad: Die KissSalis Therme mit ihren Saunen, Pools und dem Solebecken wurde im Jahr 2004 eröffnet.

 **Bismarckmuseum**

Bismarckdenkmal   **Untere Saline**

Fränkische Saale

BAD KISSINGEN

B 286

Abfahrt Postkutsche   **Regentenbau**

Stadtstrand   **Wandelhalle**

Garitz

 **Therme**

 **Terrassenschwimmbad**

B 287

500 m

Infoservice

Bayerisches Staatsbad Bad Kissingen: Münchner Straße 5, 97688 Bad Kissingen, Servicetelefon 0800/9768800, www.badkissingen.de.

Kurorchester Bad Kissingen: In der Wandelhalle und bei schönem Wetter im Kurgarten tägliche Konzerte (außer Montag) jeweils um 10.30 und um 15.30 Uhr. Kurgarten, Rosengarten und Luitpoldpark ganzjährig ganztags geöffnet.

Saale-Dampferle: Von April bis Oktober ab Rosengarten Fahrten auf der Saale bis zur Saline mit dem sogenannten Saale-Dampferle. Infos unter www.saaleschiffahrtgmbh.de oder Telefon 0971/4335.

Museum Obere Saline, Bismarck-Museum: Obere Saline 20, 97688 Bad Kissingen, Telefon 0971/807-1230, www.museum-obere-saline.de. Geöffnet von Mittwoch bis Sonntag von 14 bis 17 Uhr.

KissSalis Therme: Heiligenfelder Allee 16, 97688 Bad Kissingen, Telefon 0971/826-600, www.kisssalis.de. Geöffnet täglich von 9 bis 22 Uhr, Freitag und Samstag bis 24 Uhr.

Mit der Postkutsche nach Bad Bocklet oder zum Schlossmuseum Aschach: Die Postkutsche fährt von Mai bis Oktober jeweils am Freitag und am Sonntag nach Bad Bocklet, am Donnerstag und Samstag zum Schloss Aschach. Abfahrt um 14 Uhr in Bad Kissingen am Hotel Wyndham Garden, Bismarckstraße 8. Infos, Anmeldung und Fahrkarten in der Touristeninformation Bad Kissingen im Arkadenbau direkt am Kurgarten, Telefon 0971/8048-444.

Öchsletour auf dem Rotweinwanderweg

Den Main immer im Blick geht es zwischen Erlenbach und Klingenberg quer durch rebenbewachsene Steilhänge.

Reinhold Hillerich, Nebenerwerbswinzer in Erlenbach am Main, freut sich auf die Lese. Er zerreibt eine rote Traube, lässt ein wenig Saft auf das Glas des kleinen Handrefraktometers tropfen und schaut durch das Beobachtungsrohr. Schon jetzt, einige Tage vor der Weinernte, zeigt die Lichtbrechung beste Öchslegrade an. Und ein bisschen Sonne steht ja noch aus: „Das wird ein toller Jahrgang, mit hoher Qualität", glaubt der erfahrene Weinbauer.

Auf den Weinterrassen oberhalb des Mains brauchen die Erntehelfer etwa 250 Arbeitsstunden für einen Hektar.

Am Mainufer in Erlenbach liegt die einzige Werft zwischen Köln und Linz mit einer Helling zur Schiffs-reparatur.

Biowinzer Willi Stritzinger ist einer der Gründerväter des Fränkischen Rotwein-wanderweges.

Er ist mal wieder unterwegs in den Weinter-rassen zwischen Erlenbach und Klingenberg. Harte Handarbeit steht ihm bevor: Für einen Hektar brauchen er und seine Erntehelfer 250 Arbeitsstunden. Eine Maschine würde das in einer Stunde erledigen. Aber die kann hier nicht eingesetzt werden, an den steilen Hängen des Untermains. Das kann jeder, der will, selbst in Augenschein nehmen: auf dem Fränkischen Rotweinwanderweg. Den hat sich Willi Stritzinger, Winzer in Klingenberg, vor mehr als 25 Jahren, so sagt er, „erträumt".

Der gelernte Kellermeister war Anfang der 1970er-Jahre von seiner pfälzischen Heimat ins Fränkische gezogen, um am städtischen Weingut in Klingenberg zu arbeiten. Als Chef des Guts fiel er schnell durch kreative Ideen auf. So hörte er eines Morgens eine Radiore-portage über einen Weinwanderweg – in Süd-tirol. Er aber verlegte das Gehörte im Halb-schlaf auf die Hänge am Untermain. Und als er richtig wach war, dachte er: Das machen wir auch. Gesagt, getan. Nachdem alle be-hördlichen Hürden genommen waren, stan-den nach einem knappen Jahr die Schilder an den zumeist bereits vorhandenen Wegen, die nur miteinander verknüpft werden mussten. „Die Gemeinden waren froh, dass wir was ma-chen", sagt Stritzinger. Und die Winzer, „bei denen bis dahin jeder gegen jeden kämpfte,

*Entlang des Wein-
wanderweges haben
Gymnasiasten künst-
lerische Installationen
aufgestellt.*

*An den steilen Hängen
gedeihen Spätbur-
gunder, Portugieser,
Schwarzriesling und
Regent.*

zogen endlich einmal alle an einem Strang".
Der Weg wurde mit den Jahren immer wieder erweitert und führt nun über siebzig Kilometer von Großwallstadt in sechs Etappen
nach Bürgstadt. Da geht es anfangs entlang
des Mains, durch Felder und Wälder (Odenwald und Spessart), an Obstwiesen und Apfel-
baumplantagen vorbei – und natürlich immer
mal wieder an Weinbergen und Weingärten.
Am Ende geht es durch Weinhänge oberhalb
des Mains.

Den Höhepunkt bildet ein nur gut vier
Kilometer langer Abschnitt, eine einzigar-
tige Kulturlandschaft mit Steillagen, deren
Hangneigung bis zu 45 Grad beträgt. Erlenbach am Main, das Tor zu den Weinterrassen,
im Norden; Klingenberg, die bekannteste
Weinbaugemeinde am Bayerischen Untermain, im Süden. Der Abschnitt mit den Weinlagen Erlenbacher Hochberg und Klingenberger Schlossberg bietet prächtige Ausblicke
auf den Main und interessante Einblicke in
die schwere Arbeit der dortigen Weinbauern.
Es ist das günstige Klima des Maintals, die
sonnenverwöhnte Westlage, es sind die Bö-
den aus verwittertem Buntsandstein und die
steilen Hänge: Hier gedeihen Spätburgunder,
Portugieser, Schwarzriesling und Regent. Die
mehr als 300 Kilometer langen Mauern, die
die Rebflächen stützen, geben die tagsüber

gespeicherte Sonnenwärme auch noch in der Nacht ab – ein voller Geschmack ist praktisch garantiert.

In Klingenberg wird Wein auf etwa dreißig Hektar angebaut – und mit 23 Hektar roten Reben ist der Ort die größte Rotweinstadt des fränkischen Weinbaugebietes. Die Rebfläche wird von etwa vierzig Hobby-, Neben- und Vollerwerbsbetrieben bewirtschaftet. In Erlenbach kümmern sich etwa zehn Winzer, die meisten haben noch einen Hauptberuf, um zehn Hektar. „Das ist alles kleinteilig. Auf ein Hektar kommen bei mir achtzig Parzellen mit fünfzehn Sorten", erzählt Weinerlebnisführer Hillerich.

Die Erhaltung des Wanderweges haben inzwischen die Anliegergemeinden übernommen. Aber Hillerich und Stritzinger, die auch jahrelang an der Spitze von Weinbauverbänden tätig waren, kümmern sich immer noch um den Terrassenweg. So wurden ein Festplatz und Picknickplätze errichtet. Und die Markierungen müssen regelmäßig kontrolliert werden. Stritzinger: „Die Beschilderung muss so sein, dass man auch nach drei Schoppen noch weiß, wo es lang geht."

Einig sind sich beide, dass die Winzer noch zu wenig aus dem Weg machen. Zwar führt die Wanderroute immer wieder in die Ortschaften, wo die Güter liegen. „Aber man könnte mehr tun, als nur Wein zu verkaufen", sagt Hillerich. Er geht mit gutem Beispiel voran: Er ist der einzige Winzer Frankens, der einen eigenen Portwein keltert. Auch die Tochter von Willi Stritzinger, die das vom Vater nebenbei aufgebaute Familiengut führt, geht neue Wege: Bei ihr können sich Wanderer einen Rucksack packen lassen – mit Bioproviant aus der Region. Passend zu den Weinen, die entlang des Weges in den Häckerwirtschaften angeboten werden.   *Ralf Scharnitzky*

Klingenberg ist mit 23 Hektar roten Reben die größte Rotweinstadt des fränkischen Weinbaugebietes.

Für den Tipp bedanken wir uns bei Edith Rust aus München.

Werft auf der Wiese

In Erlenbach werden seit Anfang des 18. Jahrhunderts Schiffe gebaut und repariert.

Man sieht sie vom Main-Radweg am gegenüberliegenden Ufer aus oder auch vom Rotweinwanderweg in den steilen Weinterrassen – und der Anblick ist ziemlich einmalig: Binnenschiffe und Ausflugsdampfer auf der grünen Wiese. Am Mainufer in Erlenbach liegt die einzige Werft zwischen Köln und Linz mit einer Helling, das sind schräg abfallende Schienen, auf denen Schiffe bis zu 135 Metern Länge an Land gebaut, umgebaut, repariert und gewartet werden können. Etwa fünfzig Mitarbeiter sind bei der Erlenbacher Schiffswerft Maschinen- und Stahlbau GmbH, so der offizielle Name, beschäftigt: im Schiffsbau alles Männer. „Die Gangart ist rau, die harte Handarbeit schwer. Das ist nichts für Frauen", sagt Werftchef Josef Honner. Vor allem aus Polen kommen die Crews: „Das sind sehr gute Schiffsbauer."

Schon Anfang des 18. Jahrhunderts ist der Schiffsbau, damals noch im gegenüber liegenden Wörth, dokumentiert. Und eigentlich ging es seither immer aufwärts: Frachtkähne und Passagierschiffe der früheren Bayerischen Schiffsbaugesellschaft Anton Schellenberger waren gefragt. Doch nach der Wende kam der Einbruch: Die Werften im ehemaligen Ostblock mit ihren niedrigeren Preisen machten den Erlenbachern schwer zu schaffen. Inzwischen gehen die Auftragszahlen wegen der guten Wirtschaftslage in Deutschland wieder nach oben – und die Polen arbeiten nicht mehr in ihrer Heimat, sondern in Franken. „Wir bilden seit 2009 so-

Auf den abfallenden Schienen einer Helling können Schiffe an Land umgebaut, repariert und gewartet werden.

gar wieder Lehrlinge aus", freut sich Honner, der vor mehr als dreißig Jahren selbst seine Schlosserlehre im Betrieb begonnen hatte.

Zu verdanken ist das auch den neuen Werfteigentümern: 1997 wurde das Traditionsunternehmen am Untermain von der Vilshofener Familie Brunner übernommen. In erster Linie sollte der fünfzigtausend Quadratmeter große Betrieb Schiffe für die eigene Firma bauen, reparieren und warten. Die Brunners betreiben von ihrem niederbayerischen Stammsitz an der Donau bei Passau aus eine Tief-, Wasserbau und Schifffahrtsgesellschaft: die Domarin (Donau-Main-Rhein). Mit gut siebzig Schiffen bietet das Unternehmen eine umfangreiche Palette von Arbeiten in Flüssen und Seen an: von Abbruch- und Betonarbeiten unter Wasser über Hebe- und Bergearbeiten mit Spezialgeräten sowie Spezialtransporte auf dem Wasser bis hin zur Entschlammung von Gewässern. Gerade erst wurde in der Werft ein neues Schiff für Baggerarbeiten gebaut. Werftchef Honner: „Das Geschäft läuft gut. Wir bekommen auch wieder zahlreiche Aufträge von anderen Schiffseignern und Unternehmen."

Das bedeutende Unternehmen im deutschen Schiffbau mit seiner Werftanlage von fast fünfhundert Metern Länge ist aus seiner fränkischen Heimat nicht mehr wegzudenken. Bisher wurden annähernd tausend Schiffe gewartet, instand gesetzt – und gebaut: Ein 110 Meter langer Frachter kostet etwa drei Millionen Euro, ein normales Tankschiff kommt auf vier Millionen, ein Edelstahltanker auf sieben Millionen Euro – teuer, aber großteils handgefertigt.

Ralf Scharnitzky

Bisher wurden annähernd tausend Schiffe in der Werft in Erlenbach am Untermain gebaut und instand gesetzt.

Ab durch die Häcke

Der Rotweinwanderweg bietet mehr als nur Schoppen hoppen.

Das wichtigste Utensil bei der Wanderung entlang der fränkischen „Roten" ist nur sieben auf zehn Zentimeter groß, aus dünnem Papier und hat um die vierzig Seiten: der Churfranken Weinkalender. Unverzichtbar, damit das Genusswandern auf dem Fränkischen Rotweinwanderweg keine trockene Angelegenheit wird. Der Weg beginnt in der Handballhochburg Großwallstadt und endet nach gut siebzig Kilometern in der Weinhochburg Bürgstadt. Dabei führt er immer wieder in die Ortschaften zwischen den Weinlagen.

In der Häckerwirtschaft, hier die der Familie Helmstetter aus Bürgstadt, kommen nur eigene Erzeugnisse auf den Tisch.

Wer eine Häcke entlang der Route besucht, könne – so heißt es in den örtlichen Gästeführern – seinen Schoppen zumeist in rustikal dekorativen oder individuell gestalteten Gasträumen zu sich nehmen. Bei ungezwungenem Plausch mit dem Tischnachbarn. Der Wirt könne bei jedem Tropfen erzählen, wie er von der Rebe ins Glas gewandert ist und von welcher Sau die Blutwurst, die auf den Tisch kommt, stammt. Viele Einheimische kaufen keinen Wein für daheim, sondern gehen lieber regelmäßig in Häckerwirtschaften. Viele kleine Betriebe am Untermain verkaufen auf diese Weise einen Großteil ihres Weins. Das ist gut so: Denn sie sind zu klein, um deutschlandweit zu vermarkten.

Der Wanderweg wird aber nicht nur wegen der kulinarischen Freuden gut angenommen, sondern auch wegen der schönen Landschaft und der herrlichen Ausblicke, die auf den sechs Etappen warten. An schönen Wochenenden sind hier Tagesausflügler aus dem

Rhein-Main-Gebiet unterwegs. Viele Gruppen gehen den Weg in zwei, drei Tagen – mit Übernachtungen.

Zwischen Großwallstadt und Großostheim geht es vor allem durch Felder und Wälder, nur wenig durch die Weinberge. Dafür gibt es nach der Wendelinuskapelle in der Nähe des Pflaumheimer Schützenhauses einen tollen Ausblick über die Ebene – bei klarem Wetter bis zur Skyline von Frankfurt. Die zweite Etappe nach Elsenfeld führt von Großostheim am Hang der nördlichen Odenwaldausläufer entlang zurück an den Main. Zahlreiche Weingärten und steile Weinberge wechseln hier mit Waldwegen ab. Zwischen Elsenfeld und Erlenbach geht es durch das Tal der Elsava und über einige kleinere Höhen. Der Weg führt auch am alten Kloster Himmelthal vorbei.

Den touristischen und optischen Höhepunkt bietet Etappe vier: Zwischen Erlenbach und Klingenberg geht es in die Weinterrassen. Am Wegesrand gibt es einen Kräutergarten, bei dem man sich nach Herzenslust bedienen darf, und einen kurzen Klettersteig. Hinein darf man auch in die katholische Kirche St. Peter und Paul und kann dort die gelungene Symbiose von altem Sakralbau und Neubau bewundern. Am Ende dieses Abschnitts lohnt ein Rundgang durch die historischen Gassen von Klingenberg. Von dort geht es weiter an sonnenverwöhnten Weinhängen nach Großheubach. Mittelalterlich wird es dann beim Zieleinlauf: Miltenberg und Bürgstadt, die ineinander übergehen, punkten mit zahlreichen Fachwerkhäusern – teilweise sogar aus dem 14. Jahrhundert. Und, für Weinfreunde besonders wichtig: In Bürgstadt betreibt die Marktgemeinde die Churfrankenvinothek. Hier können alle Weine der Güter entlang des Wanderweges gekauft werden.   *Ralf Scharnitzky*

Das mittelalterliche Miltenberg punktet mit zahlreichen Fachwerkhäusern – teilweise aus dem 14. Jahrhundert.

A3

Aschaffenburg

Großostheim

B469

Großwallstadt

Elsenfeld

Rotweinwanderweg

BAYERN

Erlenbach

Klingenberg a. Main

HESSEN

Odenwald

A3

Main

Großheubach

Bürgstadt

Miltenberg

B47

5 km

Infoservice

Fränkischer Rotweinwanderweg: Genauere Informationen mit Weg-
beschreibungen, auch zum Download, unter www.churfranken.de/
rotwein-wanderweg. Wer mit einem Gästeführer wandern möchte,
findet hier ebenfalls Infos und Adressen dazu.

Verzeichnis aller Weinfeste und Häckerwirtschaften:
www.fraenkischer-weinfestkalender.de

Erlenbacher Schiffswerft Maschinen- und Stahlbau GmbH:
Klingenberger Straße 42, 63906 Erlenbach am Main, Telefon 09372/702-0,
www.die-schiffswerft.de.

Churfranken Kräutergarten: Frei zugängliche Einrichtung der Stadt
Erlenbach, hier dürfen die Kräuter sogar geerntet werden – in haushalts-
üblichen Mengen, versteht sich. Infos unter www.stadt-erlenbach.de.

Miltenberg: Unterkunfts- und Veranstaltungsverzeichnis unter
www.miltenberg.info.

Churfrankenvinothek Bürgstadt: Hauptstrasse 2, 63927 Bürgstadt,
Telefon 09371/9488679, www.weinkulturhaus.com.
Geöffnet immer von Dienstag bis Sonntag von 12 bis 22 Uhr.

Weiberwirtschaft im Franziskanerkloster

Auf dem Kreuzberg in der Rhön betreibt Angelika Somaruga Gaststätte und Brauerei – als erste Frau seit 1731.

D rinnen an der Schänke holen die Gäste ihr Bier. Dunkel und süffig und nicht überall zu bekommen, weil die Klosterbrauerei nur in Fässer abfüllt. Um die Ecke bestellen sie Grillhaxen und Linseneintopf und manchmal eine Kerze. Oder eine Messe. Denn die Klosterwirtschaft am Kreuzberg ist eben doch keine ganz normale Gaststätte.

„Glauben und genießen" heißt der Slogan und er beschreibt recht genau, was die Men-

Der Kreuzberg ist das wichtigste Ausflugsziel in der bayerischen Rhön. Wallfahrer und Bierliebhaber kommen gleichermaßen.

schen auf den Kreuzberg treibt. Die Wallfahrt gibt es schon viele hundert Jahre, 686 soll der heilige Kilian, einer der drei Frankenheiligen, ein Kreuz auf dem Berg errichtet haben. Ende des 17. Jahrhunderts ließ der Würzburger Fürstbischof das erste Kloster bauen und die Franziskaner zogen auf den Berg. 1731 kam schon die Brauerei dazu. Es ist ein wichtiges Datum für den Kreuzberg, da macht sich längst niemand mehr etwas vor. Das Bier gehört genauso zum heiligen Berg der Franken wie die Klosterkirche und die drei Kreuze auf fast tausend Metern Höhe.

1901 schrieb der spätere Kardinal Faulhaber ins Gästebuch: „Den Kreuzberg herauf kam ein endloser Zug, die einen zur Kirche, die anderen zum Krug." So ist es immer noch. Bis zu 700 000 Besucher kommen jedes Jahr auf den Berg in die Rhön. Viele Wallfahrer sind darunter und viele Gäste aus der Umgebung. Der Kreuzberg gehört zu der Gegend wie der Dom zu Köln, sogar ein Lied wurde auf ihn gedichtet.

Angelika Somaruga kennt den Berg von klein auf und heute ist sie die Chefin oben. Sie leitet den Wirtschaftsbetrieb, als erste Frau in der Geschichte des Kreuzbergs. Das hat nicht jedem gefallen, schließlich hatten zuvor immer die Patres selbst die Geschicke der Brauerei und der Wirtschaft gelenkt. Nun kümmern sich die verbliebenen fünf Franziskaner um das geistliche Wohl der Besucher und Angelika Somaruga ist für den Wirtschaftsbetrieb mit den siebzig Mitarbeitern verantwortlich. „Das ist mein Traumberuf", sagt sie, auch wenn sie sich manche Kritik anhören musste. „Weiberwirtschaft", hat ein Gast geschimpft. Aber Angelika Somaruga hat es ausgehalten. Seit August 2014 ist sie schon die Chefin auf dem Berg und seitdem hat sich einiges geändert. „Man sieht

Angelika Somaruga ist die erste Frau auf dem heiligen Berg. Zumindest die erste in leitender Position.

Bruder Wolfgang ist der letzte Pater im Wirtshaus. Wegen seiner Kuchen kommen die Gäste von weit her auf den Kreuzberg.

es schon", sagt sie. Die Dekoration ist anders geworden, ein bisschen liebevoller vielleicht, sie achtet mehr auf die Details. Auch das hat nicht allen gefallen, weil es halt schon immer so war. In der alten Wirtschaft will Somaruga vorsichtig die Bausünden der 1960er-Jahre beseitigen. Den Fürstensaal hat sie schon renovieren lassen, statt der Styroporfliesen ist jetzt Stuck an der Decke zu bewundern. Von der Wand blicken die Fürstäbte vergangener Tage und König Ludwig I. Nicht, weil sie den in Unterfranken besonders verehren, aber immerhin war es der König, der den Fortbestand des Klosters sicherte, nachdem in der Säkularisation die Wallfahrt verboten worden war. Heutzutage ist die Tradition längst wieder etabliert, bis zu achtzig Wallfahrten kommen jedes Jahr auf den Kreuzberg.

Als nächstes will sich Angelika Somaruga die Toiletten vornehmen, der Zugang „sieht aus wie ein U-Bahnhof", sagt die Geschäftsführerin. Tatsächlich verbreitet der gekachelte Vorraum wenig Charme, sie will den Gasthof nun Stück für Stück in seinen früheren Zustand zurückversetzen. Das Geld dafür muss der Betrieb selbst erwirtschaften.

Die Zimmer allerdings, in denen Gäste übernachten können, die sind immer noch sparsam eingerichtet, ohne Fernseher. Das will die Chefin auch so lassen. Schließlich suchen viele, die heraufkommen auf den Kreuzberg, vor allem Ruhe. Einmal hat sich ein Gast beklagt über „diese Bude", der wusste allerdings nicht, dass er mit der Geschäftsführerin sprach, als er der Dame vor der Tür sein Leid wegen der Einrichtung klagte. Viele stört das nicht. Es gibt Stammgäste, die schon seit dreißig Jahren kommen.

In der Backstube im Gasthof Elisäus, dem zweiten Wirtshaus auf dem Kreuzberg, der seit ein paar Jahren zum Klosterbetrieb gehört, steht Bruder Wolfgang. Er ist der einzige Franziskaner, der noch in der Gaststätte mitarbeitet. Vor rund dreißig Jahren ist er in den Orden eingetreten, seitdem hat er in verschiedenen Klöstern als Koch und Konditor gearbeitet. „Das ist hier etwas besonderes", sagt er. Weil die Wirtschaft eben dazugehört. Draußen auf der Theke stehen schon Kirschkuchen und Schokosahne und eine Mandarinen-Pistazien-Torte. Es gibt einige Besucher, die wegen der Kuchen von Bruder Wolfgang auf den Kreuzberg kommen.

Und natürlich wegen der Kirche. Ein Gnadenbild gibt es zwar nicht auf dem Kreuzberg, aber die Pilger kommen dennoch mit ihren Anliegen. In der kleinen Kapelle brennen immer ein paar Kerzen.

Drinnen im Gasthof sitzen am Mittag schon die ersten Gäste, obwohl es draußen so neblig ist, dass die schöne Aussicht in die Rhön im weißen Flaum verschwindet. Wanderer sind darunter und vielleicht auch ein paar Pilger. Das erste Bier wird gezapft. So wie es immer schon war auf dem Kreuzberg.

Katja Auer

Im Bruder-Franz-Haus zeigt eine Ausstellung das Leben des heiligen Franz von Assisi und die Geschichte des von ihm gegründeten Ordens.

Die heutige Kirche erbauten die Franziskaner von 1681 bis 1692. Sie ist das Ziel von bis zu 80 Wallfahrten im Jahr. Auch ohne wundertätiges Gnadenbild.

Exotin ihrer Zunft

Eine junge Frau stellt Hochprozentiges mit so klangvollen Namen wie Amazone oder Rebell her.

Als Franziska Bischof noch ein kleines Mädchen war, hatte sie manchmal gar keine Lust auf diese Arbeit. Äpfel pflücken, Beeren sammeln, sie hätte viel lieber mit ihren Freundinnen gespielt. Heute schwärmt sie geradezu davon. Wie gerne sie sich um die Streuobstwiesen kümmert und um die Rosen, damit sie frische Rosenblätter ernten kann. Wie sie sich darauf freut, wenn es wieder Wildfrüchte gibt. Aus dem, was die Natur und die Landwirtschaft der Eltern so hergeben, macht Franziska Bischof Hochprozentiges.

„Sie hat die bessere Nase", sagt Vater Anton, der mit ihr am Maischbottich steht. Das Brennen ist Familientradition in vierter Generation. Schon der Urgroßvater hat das Brennrecht erworben. In Wartmannsroth im Landkreis Bad Kissingen nicht ungewöhnlich. Um die achtzig Brennereien gibt es in der Gemeinde mit etwa 2300 Einwohnern.

Was anfangs eine typische Nebenbeschäftigung war für die Landwirte, wenn es auf den Höfen sonst nicht viel zu tun gab, hat Anton Bischof über die Jahre ausgebaut. 1995 schaffte er eine Spezialitäten-Brennerei an und produziert seitdem im kupferglänzenden Kessel edle Brände, aber auch Rhöner Whisky. Tochter Franziska interessierte sich damals nur am Rande dafür, was der Vater im gekachelten Nebenraum fabrizierte, und trinken mochte sie das Zeug ohnehin nicht. Das mag kaum glauben, wer sie heute sieht, wie sie in ihren roten Gummistiefeln den Kessel befüllt und detailliert erklärt, wie aus

Franziska Bischof hat eine feine Nase, die sie gerne in edle Brände hält. Sie möchte die Brennerei zu ihrem Hauptberuf machen.

dem vergorenen Weizen ein edler Brand werden kann. Aber die junge Frau brauchte den Umweg über Italien. Dort studierte sie Tourismus und Marketing – und entdeckte guten Wein und das Kochen. „Irgendwann hat mir das Landwirtschaftliche gefehlt", sagt sie. Sie kam heim nach Unterfranken, ließ sich zur Edelbrandsommelière ausbilden und steht seitdem mit ihrem Vater am Brennkessel. Noch nebenbei, neben Job und Elternzeit, aber irgendwann möchte sie die Brennerei zum Hauptberuf machen.

Anton Bischof verpackt seine ausgezeichneten Brände eher traditionell. Tochter Franziska hat neue Flaschen designt.

Ihre eigene Linie hat Franziska Bischof schon entworfen, in schicken Flaschen und mit schwungvollen Schriftzügen. Ihr erster Williamsbrand namens „Musterknabe" gewann eine Goldmedaille und sie hat einen Gin namens „Florian" ins Sortiment aufgenommen. Ihr Whisky heißt „Rebell", es gibt einen Schlehenbrand mit dem Namen „Amazone" und den Ingwergeist „Schamane". Ein ambitioniertes Projekt verfolgt sie nebenbei. Hinter dem Haus ist schon der Grundriss abgesteckt, auf dem Bayerns erste Destillathek entstehen soll. Ein Haus für Präsentationen und Verkostungen, die bisher noch im Keller ihres Elternhauses stattfinden. Franziska Bischof weiß um die Risiken, schließlich liegt Wartmannsroth weit weg von den größeren Städten, dahinter kommt lange nichts. Die Kunden müssen sie erst mal finden. Aber es werden immer mehr. Denn Franziska Bischof brennt für ihren Job. *Katja Auer*

Für den Tipp bedanken wir uns bei Erwin Haydn aus Wörthsee.

Sterne in der Rhön

Lichtverschmutzung gibt es hier kaum, das heißt ideale Bedingungen für Sternengucker.

Wanderer sind in der bayerischen Rhön gerne unterwegs und im Winter auch die Skifahrer. Der Kreuzberg lässt sich nicht nur zu Fuß erklimmen, auch Skilifte laufen – wenn genug Schnee liegt. Loipen sind ebenfalls gespurt. Oben im Kloster kehren dann die einen wie die anderen ein. Neben einem Besuch der Kirche lohnt sich außerdem ein Blick ins Bruder-Franz-Haus, das für Wallfahrer und Interessierte offensteht. Eine Ausstellung über Franz von Assisi ist dort zu sehen und über die Geschichte der Franziskaner auf dem Kreuzberg.

Ganz in der Nähe lassen sich sowohl das rote wie auch das schwarze Moor erkunden. Hölzerne Pfade führen durch die Naturschutzgebiete und Infotafeln erklären Flora und Fauna. Die Rhön ist Biosphärenreservat und außerdem Sternenpark, weil es in der Nacht dort besonders dunkel ist. Sternengucker profitieren von der spärlichen Besiedlung, die nur wenig Licht verursacht, das die Nacht zu stark erhellen könnte. Lichtverschmutzung, wie das genannt wird, kommt in der Rhön kaum vor.

Aus der Rhön kommt das Rhönrad, das von der Gegend seinen Namen hat. Otto Feick meldete das Sportgerät aus zwei miteinander verbundenen Reifen 1925 zum Patent an. Ein Museum gibt es zwar nicht in Schönau an der Brend, aber ein Denkmal erinnert an Feick und seine Erfindung.

In der Nähe liegt Bad Neustadt an der Saale, dessen lange Kurtradition zwar inzwischen weniger gepflegt wird, das sich inzwischen

Weil es nachts so schön dunkel ist in der Rhön, leuchten die Sterne dort besonders hell. Seit dem August 2014 ist das Biosphärenreservat als Sternenpark anerkannt, der erste in Bayern.

aber der Elektromobilität verschrieben hat. Bad Neustadt ist eine von drei Modellstädten in Bayern, die erproben, wie es mit der Elektromobilität vorangehen kann.

Direkt am Fuß des Kreuzbergs liegt Bischofsheim. Das Städtchen hat eine lange Holzschnitzertradition und die einzige staatliche Berufsfachschule für Holzschnitzer im Norden Bayerns. Aber auch wer sich für die Schnitzerei als Hobby interessiert, kann in Bischofsheim Kurse besuchen. Immer wieder werden Veranstaltungen für Besucher und Interessierte angeboten. Ein Holzskulpturenweg führt durch die Stadt und macht für Spaziergänger die Geschichte und die Kunst erlebbar.

Weiter südlich, im Landkreis Bad Kissingen, liegt der Ort Wartmannsroth, der die vielleicht höchste Brennereidichte Bayerns aufweist. Im April 2016 ist ein Brennerweg rund um die Gemeinde eröffnet worden, der die Wanderer zu verschiedenen Brennereien und deren Spezialitäten führt. Es gibt eine Whisky-Schleife, eine Streuobst-Route und einen Wildfrüchte-Weg. Wanderer können nicht nur an den Rohstoffen, am Obst und am Getreide vorbeilaufen, sondern natürlich auch in den Brennereien einkehren, die aus den Zutaten Hochprozentiges machen. *Katja Auer*

Zwei Reifen, verbunden mit sechs Sprossen: Otto Feick benannte sein neues Sportgerät nach der Gegend, in die es ihn verschlagen hatte. Das Rhönrad ist heute weltweit bekannt.

Am Fuße des Kreuzbergs liegt Bischofsheim. Das Städtchen ist von der Holzschnitzerei geprägt, das Handwerk kann in einer der ältesten Holzschnitzschulen Deutschlands erlernt werden.

Fulda

A7

Schwarzes Moor

Rotes Moor

Kloster
Kreuzberg

Rhönrad
Schönau a. d. Brend

Bad Neustadt

A7

A71

Bad Kissingen

Schnapsbrennerei
Wartmannsroth

Schweinfurt

10 km

Infoservice

Kloster Kreuzberg: Franziskanerkloster und Wallfahrtskirche. Seit Ende des 17. Jahrhunderts ist der Kreuzberg ein viel besuchter Wallfahrtsort und seit dem letzten Jahrhundert auch ein beliebtes Ausflugsziel für Wanderer und Naturfreunde.

Klosterwirtschaft Kreuzberg: 97653 Bischofsheim/Rhön, Telefon 09772/91240, www.kreuzbergbier.de. Täglich geöffnet von 8 bis 20 Uhr, ab 10.30 Uhr Mittagstisch.

Berggasthof Elisäus: Geöffnet Dienstag bis Samstag von 11 bis 20 Uhr und an Sonn- und Feiertagen von 9.30 bis 20 Uhr.

Bruder-Franz-Haus: Kreuzberg, Infos unter Telefon 09772/93 28 53, www.bruder-franz-haus.de. Zentrum des Hauses bildet die Ausstellung „Franz von Assisi und Gottes Schöpfung". Geöffnet täglich von April bis Oktober von 10 bis 18 Uhr, von November bis März von 10 bis 16 Uhr.

Die Brennerin und Edelbrennerei Bischof: Franziska Bischof, Zum Kreuz 3, 97797 Wartmannsroth, Telefon 09737/1318, www.diebrennerin.de oder www.brennerei-bischof.de. Feste Öffnungszeiten gibt es nicht, einfach vorher anrufen. Der Brennerweg führt Wanderer zu den Brennereien rund um Wartmannsroth, Infos unter www.brennerweg.de.

Biosphärenreservat Rhön: Bayerische Verwaltungsstelle, Oberwaldbehrunger Straße 4, 97656 Oberelsbach, Telefon 0931/380-1665 oder -1664, www.biosphaerenreservat-rhoen.de. Geführte Wanderungen, wie zum Beispiel durch das schwarze Moor, Mitmachaktionen und Vorträge. Infos über Beobachtungsplätze und Termine zu geführten Sternenwanderungen unter www.sternenpark-rhoen.de.

*In der Wallfahrts-
kirche Maria im
Weingarten hängt ein
wahrer Schatz: eine
geschnitzte Riemen-
schneider-Madonna.*

Mittelfranken

Jazz und Blues unter der Barockkanzel

Die Initiative „Kultur in der Kirche" organisiert viermal im Jahr Konzerte im kleinen Kreis.

Das sei halt hier ein Schlafdorf, stellt Werner Schwanfelder fest, und er meint das keineswegs abwertend. Seit vierzig Jahren lebt er im kleinen Ort Obermichelbach im Dunstkreis von Herzogenaurach, Fürth und Nürnberg. Die meiste Zeit verbrachte der frühere Siemens-Manager wie viele Pendler in den umliegenden Städten, kam nur abends nach Hause. Zum Schlafen eben.

Wer die deutsche Sportartikelhauptstadt Herzogenaurach passiert, biegt ab in kleine

Seit 2004 bringt der Kulturkreis um Werner Schwanfelder jedes Jahr Künstler nach Obermichelbach.

Straßen, die auch mal in einem Feldweg enden können. Die Landstraße führt auf eine Anhöhe, rechts und links erstrecken sich Felder. Dann kommt erst einmal nichts, und plötzlich Obermichelbach. Neubaugebiete säumen das 3600-Seelen-Dorf, verschlafen wirkt es sogar mitten am Tag. Kein Mensch ist auf den Straßen, in der neuen Ortsmitte stehen umringt von Bauernhöfen das Kinderhaus, die Gemeindehalle und die Kirche aus dem 17. Jahrhundert – evangelisch natürlich, man ist schließlich in Franken. Es riecht nach Kuhstall und verbranntem Ofenholz. Der Anschluss an die Bahnlinie nach Herzogenaurach wurde bereits 1883 endgültig abgelehnt, seit 1967 hält immerhin ein Bus auf dem Weg von Fürth nach Herzogenaurach, abends und am Wochenende bleibt das Anruf-Sammeltaxi.

Der Männerkreis der Kirchengemeinde holte die Frauen dazu und mit ihnen die Musiker, erzählt Schwanfelder.

Werner Schwanfelder lebt gerne dort, ein Umzug kam nie in Frage. Seine Frau Susanne hielt die Stellung. Sie arbeitet von daheim aus, ist seit Jahrzehnten in der Gemeinde aktiv, engagiert sich im Kirchenvorstand. Die Familie ist kulturinteressiert, Konzerte und Ausstellungen in Nürnberg oder Fürth sind schnell zu erreichen. Und sein Job brachte Schwanfelder in die ganze Welt. Er gründete in Shanghai eine Siemens-Dependance, die Familie lebte drei Jahre in Brasilien. Aber Obermichelbach blieb Basis. Die Ruhe dort hat ihn nie gestört – zumindest nicht, solange er berufstätig war. In den Wirren der Korruptionsaffäre bei Siemens stieg Schwanfelder aus. Die Unternehmenskultur habe sich verändert, sagt er, darauf habe er keine Lust gehabt. 2009 kündigte er und hatte plötzlich ganz viel Zeit.

Seither widmet sich Schwanfelder voll seinem Hobby und schreibt Bücher über Geldanlagen, Management oder Reiseführer. Und über seine Heimat. „Ich wollte unserer Ge-

Die Pfarrei der Heilig-Geist-Kirche gibt es seit dem Mittelalter, erst mit der Reformation wurde sie evangelisch.

sellschaft etwas zurückgeben", sagt er. Den kleinen Ort beleben, das Schlafdorf wenigstens ein paarmal im Jahr kulturell aufwecken. Schwanfelder gründete 2004 mit seiner Frau und den Kollegen aus dem Wirtschaftskreis der Kirchengemeinde – Susanne Schwanfelder und ihre Freundinnen hatten vor zwanzig Jahren die Männer zusammengebracht – die Initiative „Kultur in der Kirche". Mit Bands und kleinen Orchestern soll Musik in den Ort kommen, die Gemeinschaft beleben und auch diejenigen unterhalten, die den Weg nach Fürth oder Nürnberg scheuen.

Viermal im Jahr lädt die Gruppe um Werner Schwanfelder seither Musiker in die kleine Heilig-Geist-Kirche. Mehr als 120 Zuhörer passen nicht hinein, sagt er. Dass es über-

Der wuchtige Wehrturm steht seit dem 15. Jahrhundert, das Innere der Kirche ist im Stil des Barock gestaltet.

haupt so viele sind, kann man sich beim Blick auf die zwölf schmalen Holzbänke nur schwer vorstellen. Auch auf der Galerie könnten Leute sitzen, sagt Schwanfelder, und die Atmosphäre solle ja intim sein. Die Musiker sitzen

vor dem Altar unter der mit Schnitzereien verzierten Barockkanzel, das Publikum ist ganz nah. „Das finden die Künstler klasse", sagt er. Viele wollen wiederkommen, doch der Kulturkreis hat es sich zur Regel gemacht, dass keine Band mehrmals auftreten darf. Die Anfragen seien so schon kaum zu bewältigen.

Lesungen ziehen nicht so, Musik dagegen sehr. Diese Lektionen haben die Organisatoren in zwölf Jahren gelernt und auch den eigenen Eifer gebremst. In einem Jahr präsentieren sie Jazz, im nächsten lateinamerikanische Klänge oder bayerischen Blues. Mehr als vier Termine pro Jahr kann die Gruppe nicht stemmen, drei in der Kirche, einen im Sommer dahinter unter freiem Himmel. In der Regel sind die Konzerte ausverkauft, der Verein hat allein fünfzig Abonnenten. Bewirtung und Betreuung der Bands organisiert der Kulturkreis selbst. Zum Motto des Abends serviert Schwanfelders Frau ein Themengericht: französische Lachscremesuppe zu Chopin etwa. Danach sind sie wieder unter sich – das Schlafdorf und seine Bewohner.

Anna Günther

Wenn Bands und Orchester unter der Kanzel spielen, drängen sich bis zu 120 Zuhörer auf den Holzbänken.

Wir bedanken uns bei Werner Schwanfelder aus Obermichelbach für den Tipp.

Böser Geist mit Hut

Die Sage vom spukenden Grehhütl pflegt man in Cadolzburg gerne.

Zu jeder stolzen Burg gehört ein Gespenst, ein böser Geist, der die Lebenden heimsucht. Der es genießt, sie bis ins Mark zu erschüttern und verstört zurückzulassen. Die Cadolzburg in Mittelfranken ist eine stolze Burg. Schon von Weitem sieht man sie auf dem steilen Felsen, innerhalb der Ringmauer ducken sich alte Fachwerkhäuser. Dass die Zeit nicht stillsteht, sieht man nur daran, dass in den Geschäften Pizza und Kachelöfen verkauft werden. Die Gassen sind schmal, holprig und steil. 1157 wurde die Burg erstmals urkundlich erwähnt, Mitte des 13. Jahrhunderts kam sie in den Besitz der hohenzollernschen Burggrafen, die in Nürnberg residierten. Im 14. und 15. Jahrhundert machten die Hohenzollern die Cadolzburg zu ihrem Machtzentrum in Franken. Erst im Zweiten Weltkrieg wurde die Burg zerstört und blieb lange Ruine.

In einem Punkt unterscheiden sich die üblichen Schlossgespenster vom Grehhütl (oder auch Grehhiedl) der Cadolzburg: Der Mann mit dem grünen Hut soll schon zu Lebzeiten die Bürger verstört haben. Der Sage nach lebte der Henker und Jagdaufseher alleine in einem kleinen Häuschen auf der Burg, galt als mürrisch und erledigte sein Handwerk übereifrig. Er richtete sogar Unschuldige hin. Eines Tages sperrte der Pfarrer einen aufmüpfigen Konfirmanden in einer Kammer der Burgkirche ein. Beim ersten Klang des Mittagsläutens erschien der Grehhütl, baute sich vor dem Buben auf und starrte ihn streng an. Mit dem zwölf-

Der Grehhütl – eine andere Legende besagt, dass der schauerliche Henkersknecht nicht eingemauert, sondern enthauptet wurde.

10

Die Cadolzburg in Mittelfranken wurde bereits im 12. Jahrhundert erstmals urkundlich erwähnt.

ten Schlag verschwand er wieder. Das Kind schrie, dass der Grehhütl es heimgesucht habe, und beruhigte sich nicht mehr. Es verlor den Verstand und starb.

Die Bürger von Cadolzburg waren verängstigt, sahen überall zum Mittagsläuten und in der Nacht den Grehhütl. Dem Nürnberger Rat, der die Rechtsaufsicht über die Burg innehatte, wurde es zu bunt. Dem grünbehüteten Henker wurde der Prozess gemacht. Er wurde bei lebendigem Leib in die Burgmauer eingeschlossen. Doch auch nach seinem Tod fand der Grehhütl keine Ruhe und soll noch immer auf der Burg umhergeistern. Gegenüber der evangelischen Markgrafenkirche, an der Stelle, wo er eingemauert worden sein soll, ist noch heute eine kleine Steinfigur zu sehen.

Ob die Legende auf einer wahren Begebenheit beruht, kann man nicht mehr genau nachvollziehen. Das Schild an der Burgmauer verweist auf einen Förster, der auch Gerichtsknecht war und wie für Jäger bis heute üblich einen grünen Hut trug. Laut alter Steuerlisten hieß er Conzc Pawrenfeint – „Feind der Bauern". Eingemauert wurde er aber nie, denn erst hundert Jahre nach Pawrenfeint entstand der Schutzwall um die Burg. In Cadolzburg hegt man die Sage um den Grehhütl trotzdem. Zur 850-Jahrfeier 2007 wurde sogar ein Festival nach dem spukenden Henker bekannt, ein örtlicher Verein bietet Märchenwanderungen in Kostümen an, mit dabei ist natürlich auch ein Geist mit grünem Hut.

Anna Günther

Rund um die Burg ist die Marktgemeinde besonders hübsch, die alten Fachwerkhäuser lassen die Gegenwart vergessen.

Eckig, grün und spitz

Die berühmtesten Bleistifte der Welt stammen aus Stein, im nächsten Ort gibt's ein scharfes Museum.

In Stein, einem Städtchen neun Kilometer südwestlich von Nürnberg, ließ sich Mitte des 18. Jahrhunderts der Schreiner Caspar Faber nieder, fertigte Bleistifte und verkaufte sie auf dem Nürnberger Markt. Sein Sohn baute die Fabrik, sein Urenkel Lothar von Faber kaufte eine Grafitmine in Sibirien. Damit sicherte er sich den Zugang zum Rohstoff. Lothar von Faber ging den ersten Schritt zum Markenprodukt, modernisierte die Fabrikation und führte unter anderem die erste Betriebskrankenkasse Bayerns ein. Sechs Generationen später ist Stein noch immer die Zentrale des Weltkonzerns. Faber-Castell gilt als weltgrößter Hersteller von Blei- und Buntstiften.

Mehr als 2,3 Milliarden Holzstifte wie diese produziert Faber-Castell jedes Jahr weltweit.

Wer sich für die Geschichte des Hauses interessiert, sollte Stein besuchen. In der denkmalgeschützten Fabrik von 1848 befindet sich seit neun Jahren das Museum Alte Mine, in dem Besucher sehen können, wie vor zweihundert Jahren Bleistifte hergestellt wurden. Aber auch die aktuelle Produktion kann besichtigt werden – und das Schloss. 1906 nach drei Jahren Bauzeit fertiggestellt, erinnert es mit Erkern und Türmchen an eine mittelalterliche Trutzburg, innen wechseln sich Historismus und Jugendstil ab. Die Familie Faber-Castell bewohnte das Schloss bis 1939, zur Zeit der Nürnberger Kriegsverbrecherprozesse diente es als Stützpunkt der internationalen Presse. 1986 wurde es wieder der Öffentlichkeit zugänglich gemacht.

Auf dem Weg von Stein nach Langenzenn lohnt sich der kleine Umweg über die Cadolz-

Das Schloss der gräflichen Familie mit seinem eckigen Turm gilt als Wahrzeichen der Stadt Stein.

burg mit ihrem schauerlichen Charme. In Langenzenn sollen stählerne Stelen an die Historie der Stadt erinnern. Auf dem Stadtplatz haben örtliche Kunstschmiede fünf Skulpturen aufgestellt. Eine zeigt zum Beispiel lodernde Flammen und steht für den Stadtbrand im 14. Jahrhundert. Im Krieg zwischen dem Schwäbischen Städtebund und den bayerischen Herzögen brannte Langenzenn nieder. Andere Stelen symbolisieren die Gründung des Klosters 1409, die Reformation und Umwidmung der Stadtkirche sowie den Einfluss der Preußen. Seit 1791 war Langenzenn preußische Provinzialstadt und wurde erst 1806 wieder bayerisch.

Mit Charles Graf von Faber-Castell engagiert sich die neunte Generation an der Spitze des Unternehmens, hier mit Vorstandssprecherin Mary Gräfin von Faber-Castell.

Ein Ausflug mit Würze führt in den Norden nach Baiersdorf. Seit Jahrhunderten wird in der Region zwischen Erlangen und Forchheim Meerrettich angebaut, im 19. Jahrhundert verschifften findige Franken die Wurzeln kistenweise über den alten Ludwig-Donau-Main-Kanal nach Wien. Zum Tafelspitz gehört Kren wie Preiselbeeren zum Schnitzel. Und die Wiener wollten viel Kren. Seit 1997 gibt es in Baiersdorf in einem Gebäude des Krenproduzenten Schamel das Meerrettich-Museum. Es gilt als weltweit einzigartig und informiert über Anbau, Wirkung und Geschichte der Pfahlwurzel in Mittelfranken.

Anna Günther

Meerrettich-Museum
Baiersdorf

A3

Erlangen

Herzogenaurach

Heilig-Geist-Kirche
Obermichelbach

Geschichtsstelen
Langenzenn

A73

A3

B8

Fürth

Pegnitz

Cadolzburg

Nürnberg

Faber-Castell
Stein

5 km

Infoservice

Obermichelbach: Kontakt: Werner Schwanfelder, Waldstraße 9, 90587 Obermichelbach, Telefon 0911/764564 und 0911/7658720. Infos und Programm unter www.kultur-in-der-kirche.de. Kartenvorverkauf: Bei der Post im Rewe Obermichelbach, Veitsbronner Straße 21, jeweils circa drei Wochen vor dem Konzert. Oder E-Mail an Kultur-Kirche-Omb@web.de.

Cadolzburg: Die Burg wird bis 2017 zu einem attraktiven Museum ausgebaut, das auf rund 1500 m² Ausstellungsfläche eine Begegnung mit dem Mittelalter ermöglichen soll. Infos unter www.schloesser.bayern.de. Unter der Rubrik „Schlösser" Cadolzburg bei Fürth in der Karte anwählen. Das Kulturamt von Cadolzburg bietet während des Ausbaus der Burg von März bis Oktober an Sonn- und Feiertagen um 14 Uhr Führungen „Rund um die Burg" an; Treffpunkt: 1. Burgbrücke; Infos unter 09103/509-58 oder www.cadolzburg.de.

Faber-Castell Aktiengesellschaft: Nürnberger Straße 2, 90546 Stein, Telefon 0911/88199108, www.faber-castell.de. Bei Faber-Castell können nach Voranmeldung (online) drei Stationen besichtigt werden: Fertigung Holzgefasste Stifte: Montag bis Freitag um 8.30, 10, 10.30, 11 und 11.30 Uhr. Museum Alte Mine: Montag bis Sonntag von 8 bis 18 Uhr. Faber Castell'sches Schloss: Montag bis Sonntag von 8 bis 18 Uhr.

Schamels Meerrettich-Museum: Judengasse 11, 91083 Baiersdorf, Telefon 09133/603040, www.schamel.de. Geöffnet von März bis November jeweils Samstag und Sonntag von 10.30 bis 17 Uhr.

Die Stadt des Parzival-Dichters

Wolframs-Eschenbach sieht fast noch so aus wie im Mittelalter. Die Deutschordensritter errichteten dort „köstliche Häuser".

R itter kommen heute selten in die Stadt, eher die Tagesausflügler vom Fränkischen Seenland, aber wenn sie hineinkommen nach Wolframs-Eschenbach im Landkreis Ansbach, durch den Oberen Torturm zum Beispiel, ist es doch beinahe so wie früher. Zwar wird keine Zugbrücke mehr hochgezogen am Abend und Beschuss von der Stadtmauer ist auch nicht zu befürchten, aber wie es so daliegt in den Hügeln zwischen

Die Stadtmauer umrahmt Wolframs-Eschenbach wie „ein nach Westen gestemmter Wappenschild". Viel hat sich nicht verändert über die Jahrhunderte.

Rezat und Altmühl, mutet das Städtchen immer noch so an, wie es schon vor vielen hundert Jahren ausgesehen haben muss. Die Stadtmauer mit ihren Türmchen umrahmt den Ort, nur das Schwedenloch, eine Wunde aus dem Dreißigjährigen Krieg, lässt eine Lücke offen, was freilich heutzutage ganz praktisch ist, wenn mal jemand mit dem Bierlaster durch muss.

Der Namensgeber der Stadt, der Dichter Wolfram von Eschenbach, ist allgegenwärtig. Auf dem Wolfram-von-Eschenbach-Platz grüßt er mit Lorbeerkranz und Leier von einem Brunnen, gegenüber das Wolfram-von-Eschenbach-Museum, im Rücken das Café Parzival. Das macht erst um halb elf auf, das irritiert die Dame, die vor der Tür steht. Sie fragt Peter Dreyling um Rat, der die Öffnungszeiten kennt, wie offenbar alles, was mit Wolframs-Eschenbach zu tun hat. Dabei ist er ein Zugezogener, der Jurist aus Bremen, der seiner Frau um die Jahrtausendwende nach Mittelfranken folgte. Trotzdem, oder gerade deswegen, hat Dreyling eine besondere Zuneigung zu dem Städtchen entwickelt und weiß allerhand Details zu erzählen. Wie jene, dass der Parzival-Dichter von seinem Sockel gar nicht hinüberschaut zum Museum, das früher das Rathaus war, sondern dass sein bronzener Blick auf dem Eingang des Liebfrauenmünsters ruht. Denn die Kirche, sagt Dreyling, habe Wolfram scharf kritisiert. Etwa mit seinen Versen, dass heidnische Ritter genauso edel seien wie christliche. Unerhört im 13. Jahrhundert.

Vom Dichter also hat Wolframs-Eschenbach den Namen, seit König Ludwig III. 1917 erlaubte, die Stadt so umzubenennen, die vorher einfach Eschenbach hieß. Ihre Form allerdings und das immer noch prächtige Aussehen hat sie vom Deutschen Orden.

Peter Dreyling ist der Liebe wegen nach Mittelfranken gezogen. Heute führt er als Wolfram-Experte Besucher durch die Stadt.

Wolframs-Eschenbach liegt eher am Rande touristischer Routen. In dem Städtchen geht es beschaulich zu.

Der wollte „schöne Städte" und „köstliche Häuser" errichten und das ist in Wolframs-Eschenbach recht gut gelungen. 1212 ließ sich der Orden in dem Örtchen nieder und erhielt 1332 von Kaiser Ludwig dem Bayern das Recht, aus Eschenbach „eine Stadt zu machen". Es war die erste im heutigen Bayern, in der der Deutschorden zum uneingeschränkten Stadtherren aufstieg. Die 1500 Meter lange Stadtmauer wurde errichtet und prägte die Form des Ortes. „Wie ein nach Westen gestemmter Wappenschild", sagt Dreyling.

Längst ist Wolframs-Eschenbach nicht mehr so bedeutend. Wie viele andere Orte im westlichen Mittelfranken liegt es touristisch eher im Schatten bekannterer Ziele. Wanderer kommen hier vorbei, Radlfahrer und die Gäste, die im Fränkischen Seenland Urlaub machen. Aber meist nur für einen kurzen Abstecher. Es sind eben nicht einmal fünfhundert Meter vom Oberen zum Unteren Torturm, dann hat man die Innenstadt durchquert. Dabei haben die Bauherren sogar eine Kurve in die Hauptstraße gebaut, sagt Dreyling, um den Weg ein bisschen länger erscheinen zu lassen. An der kurzen Hauptstraße reihen sich mehrere Baudenkmäler, wie sie nicht viele Orte vergleichbarer Größe vorweisen können. Wolframs-Eschenbach zählt nicht einmal dreitausend Einwohner und da sind jene in den eingemeindeten Örtchen schon mit eingerechnet.

Mit dem herrschaftlichen Deutschordensschloss setzten die Stadtherren im 17. Jahrhundert einen Kontrapunkt weltlicher Macht direkt neben das stattliche Münster. Heute ist im Schloss das Rathaus untergebracht. Nebenan wird die Alte Vogtei saniert, ein prächtiges Fachwerkhaus mit einem Portal aus Sandstein, das künftig ein edles Restaurant beherbergen soll. Wie früher schon. „Jeder, der etwas auf sich hielt, hat im Rittersaal gefeiert", sagt Dreyling. Er weiß zu jedem Haus etwas zu erzählen – und von den geheimen Fluchtwegen darunter, die ein Metzger verschließen ließ, als ihm immer die Würste aus dem Keller geklaut wurden. Das war sicher nicht der Räuber Hotzenplotz, der allerdings eine Kaffeemühle gestohlen hatte, was in Wolframs-Eschenbach 1974 verfilmt wurde. Im Gasthaus Zur Traube, wo ein Räuber aus Holz neben dem Haus daran erinnert. Das war zwar nicht sehr ritterlich vom Hotzenplotz. Aber auch irgendwie stadtbildprägend.

Katja Auer

Der Parzival ist das bekannteste Werk des Wolfram von Eschenbach. Der Versroman erzählt die verzwickten Heldengeschichten zweier Ritter.

Für den Tipp bedanken wir uns bei Peter Dreyling aus Wolframs-Eschenbach.

Im ehemaligen Rathaus hat die Stadt ihrem berühmtesten Sohn ein sehenswertes Museum gewidmet. Wenn in Bayreuth Festspiele sind, kommen besonders viele Gäste.

Mysteriöse Wetzrillen

Wer an Wolframs-Eschenbach achtlos vorbeifährt, der verpasst einiges: etwa einen gehörnten Moses.

Für Liebhaber des Parzivals, jenes Helden-epos von Wolfram von Eschenbach, ist ein Besuch in des Dichters Heimatstadt diesen freilich wert. Das Museum mit dem auffäl-lig gut sortierten Buchshop zieht vor allem während der Bayreuther Festspiele regelmä-ßig Besucher an. Es könnten allerdings noch mehr sein, heißt es im Rathaus, und tatsäch-lich tut dem Städtchen unrecht, wer einfach daran vorbeifährt. Das Museum, die kleine Altstadt und das Liebfrauenmünster lohnen den Abstecher.

Schon im 12. Jahrhundert stand dort eine Saalkirche, die der Deutschorden vergrößern ließ. 1956 wurde der weithin sichtbare Kirch-turm mit bunten Ziegeln gedeckt, die das Wappen des Deutschordens – ein schwarzes Kreuz auf weißem Grund – zeigen und auch jene Doppelaxt, die als Symbol des Wolfram von Eschenbach steht. Wenngleich es ältere Wappen gibt, die er mit höherer Wahrschein-lichkeit verwendet hat.

An der Kirchenmauer fallen die etwa 300 Wetzrillen auf, für die beinahe jeder Stadt-führer eine andere Erklärung parat hat. Die einen erzählen, dass die Ordensritter dort ihre Schwerter geschliffen hätten, die anderen, dass sich Pilger etwas heiligen Sand aus den Steinen schabten. Noch eine Version bedeu-tet, dass Arme dort mit dem Löffelstiel mar-kierten, ob es eine Speisung gegeben habe, und die skurrilste schließlich, dass Mütter ihre unehelichen Kinder dort an die Wand gehalten hätten, weil sie das Kircheninnere nicht be-

Der Rosenkranzaltar aus der Schule des Veit Stoß ist das kostbarste Stück im Liebfrauen-münster. Um ein Kruzifix gruppieren sich Apostel und Märtyrer, Päpste und heilige Jung-frauen.

Über die 300 Wetzrillen an der Kirchenmauer erzählt jeder eine andere Geschichte. Sie könnten ebenso von den Schwertern der Ritter wie von den Löffeln der Armen stammen.

treten durften. Welche auch stimmen mag, es lässt sich trefflich darüber fabulieren.

Im Liebfrauenmünster steht als kostbarstes Stück der Ausstattung ein aufwendiger Rosenkranzaltar aus der Schule des Veit Stoß vom Anfang des 16. Jahrhunderts. Unter all den Heiligen ist dort auch ein gehörnter Moses zu sehen, dessen ungewöhnlicher Kopfschmuck auf einen Übersetzungsfehler zurückgeht.

Um Wolframs-Eschenbach herum werden vor allem Wanderer und Radfahrer Gefallen finden an der Gegend. Es ist nicht weit bis ins Fränkische Seenland mit dem Altmühlsee und dem Brombachsee, an denen asphaltierte Radwege entlangführen. Das Freizeitangebot ist groß, schließlich haben sich die künstlich angelegten Wasserspeicher zu einem beliebten Touristenziel in der Gegend entwickelt. Die Orte Wolframs-Eschenbach, Weidenbach, Ornbau, Merkendorf und Mitteleschenbach haben sich zur Altmühl-Mönchswald-Region zusammengeschlossen und umwerben Gäste ebenfalls mit viel Natur zwischen Fluss und Wald.

Wer schließlich noch etwas Kultur erleben will, der hat es nicht weit bis nach Windsbach, wo der bekannte Knabenchor residiert – wenn er denn zu Hause ist, denn die jungen Sänger sind viel unterwegs. *Katja Auer*

Der Chorraum des Liebfrauenmünsters ist schon oft umgestaltet worden. Die Kirche zählt zu den frühesten gotischen Hallenkirchen in Deutschland.

Cleveres Krautmarketing

Nur noch wenige Bauern bauen in Merkendorf Kraut an, aber sie vermarkten es phantasievoll.

Als Hans Popp ein kleiner Bub war, hat sein Vater manchmal den Beifahrersitz aus seinem Käfer gebaut und stattdessen Krautköpfe eingeladen und an die Kunden ausgeliefert. Das war in den 1960er-Jahren, damals gab es noch eine Menge Krautbauern in Merkendorf. Heute nennt sich das Städtchen im Landkreis Ansbach zwar sogar auf einem braunen Autobahnschild noch Krautstadt, aber dabei geht es Popp eher um das Stadtmarketing. Seit 2002 ist er Bürgermeister von Merkendorf und macht eifrig Werbung mit dem Kraut. Vor dem Rathaus steht ein Krautbrunnen, jedes Jahr im September findet die Krautwoche statt, jedes Wirtshaus hat Kraut auf der Speisekarte, es gibt ein Merkendorfer Krautkochbuch und wenn es etwas zu feiern gibt, darf die Krautkönigin nicht fehlen. Auch wenn es nur noch eine Handvoll Landwirte gibt, die das Gemüse anbauen und vermarkten. Auf drei bis vier Hektar werde noch Kraut angebaut, sagt Popp, also auf einer Fläche von ungefähr fünf Fußballfeldern. Früher waren es einmal 220 Hektar rund um Merkendorf.

Die Tradition geht weit zurück bis ins 18. Jahrhundert. Damals lieferten die Bauern ihr Kraut zu den Markgrafen nach Ansbach und später zum Bahnhof in Triesdorf, von wo aus das Gemüse zu den großen Sauerkrautfabriken im ganzen Land gebracht wurde. Bis zu viertausend Zentner wurden dort an manchen Tagen verladen. Doch vor dreißig, vierzig Jahren begann auch in Merkendorf das

Sauerkraut ist ein fester Bestandteil der fränkischen Küche. Es wird zu Bratwürsten ebenso serviert wie zum Schweinebraten. Und in Merkendorf sogar als Eis und Praline.

Höfesterben, viele Landwirte gaben auf. Viele hätten sich „vom Krautwirt zum Energiewirt" entwickelt, sagt Popp, der in seiner Gemeinde auf erneuerbare Energien setzt. Dort verdienen die Bauern nun mit Fotovoltaikanlagen und Biogas ihr Geld. Oder mit Urlaub auf dem Bauernhof.

Jürgen Reuter dagegen baut weiter Kraut an, er ist der letzte große Krautbauer in der Gegend. Bis zu 70 000 Köpfe erntet er im Jahr auf seinen 2,2 Hektar, schätzt er. Alle in Handarbeit. Jeder Krautkopf muss mit dem Messer abgeschnitten werden, das macht der Landwirt zusammen mit seinen Eltern. Schon immer sei auf dem Hof in Hegau Kraut angebaut worden, so Reuter, nun macht er allerdings auch Sauerkraut daraus. Wenn es recht trocken ist, dann tue das seinen Krautköpfen nicht gut, dann müsse er viel gießen, aber so sei das eben. „Von nix kommt nix", sagt er, fränkisch-pragmatisch, beschweren wolle er sich nicht. Früher war er Automechaniker, aber dann ist er auf den elterlichen Bauernhof zurückgekehrt. Er hat eine Sauerkrautfabrik übernommen, damit ist er der einzige in der Gegend, und die Kunden können im Hofladen einkaufen. Zwei Drittel seines Ertrags werden zu Sauerkraut verarbeitet, aber er baut auch Spitzkohl und Wirsing an, Blaukraut und neuerdings spitzes Blaukraut. Und wenn Krautfest ist, immer am dritten Sonntag im September, dann setzt er noch mehr Trends. Nicht nur Krautwickel und Suppe und Schupfnudeln mit Kraut, sondern auch Krauteis und Krautpralinen. „Schmeckt echt", sagt Jürgen Reuter.

Katja Auer

Weißkraut, Blaukraut, Spitzkohl. Das Kraut ist in Merkendorf immer noch ein bedeutendes Produkt. Und ein Marketingfaktor.

Reutern

Deutschordensschloss

Alte Vogtei

Kirche

Wolfram-Brunnen

**Museum
Wolfram von Eschenbach**

Waizendorf

Wolframs-Eschenbach

Gerbersdorf

Haundorfer Wald

Merkendorf

 **Krautanbau**

Biederbach

B 13

1 km

Infoservice

Museum Wolfram von Eschenbach: Wolfram-von-Eschenbach-Platz 9, 91639 Wolframs-Eschenbach, Telefon 09875/9755-34, www.wolframs-eschenbach.de/museum. Geöffnet von April bis Oktober Dienstag bis Sonntag von 14 bis 17 Uhr, am Sonntag auch von 10.30 bis 12 Uhr. Von November bis März jeweils Samstag und Sonntag von 14 bis 17 Uhr.

Liebfrauenmünster: Katholisches Pfarramt, Wolfram-von-Eschenbach-Platz 5, 91639 Wolframs-Eschenbach, Telefon 09875/262, www.bistum-eichstaett.de/pfarrei/wolframs-eschenbach.
Sehenswerte Ausstattung: Rosenkranzaltar aus der Schule von Veit Stoß, spätgotischer Kreuzauffindungsaltar und Pietà.

Merkendorf: Fremdenverkehrsamt, Marktplatz 1, 91732 Merkendorf, Telefon 09826/650-0, www.merkendorf.de.

Fränkisches Seenland: Naherholungsgebiet mit großen Seen wie dem Brombachsee oder dem Altmühlsee. Zahlreiche Rad- und Wanderwege, Bade- und Wassersportmöglichkeiten. Nähere Infos unter www.fraenkisches-seenland.de.

Der grüne Baron und seine Mission

Robert Freiherr von Süsskind ist Gartenbaukünstler mit Leidenschaft und führt die Besucher am liebsten selbst durch seinen Park.

Vielleicht beginnt man eine Geschichte über Dennenlohe mit einem kürzlich erschienenen Reiseführer. Robert Freiherr von Süsskind trägt ihn wie einen Gral ins Teezimmer seines Schlosses, die entscheidende Seite ist markiert, Süsskind kann ein Lachen nur mit Mühe unterdrücken. Das Buch stellt Bayern als eine der angesagtesten Reiseregionen der Welt vor. Der Norden jenes Landes scheint der Autorin allerdings fremd

Es gehört sicher nicht zu den pompösesten, aber doch augenfällig hübschen Barock-ensembles in Bayern: das Schloss Dennen-lohe. Seit 1825 ist es im Besitz der Familie Süsskind.

geblieben zu sein: Sanft geschwungene Weinberge soll es da geben, das schon. Man könnte womöglich auch das Welterbe in Würzburg, Bayreuth, Bamberg ins Feld führen, nur mal so als Beispiel. Aber egal. Das Wichtigste steht ja drin: das Schloss Dennenlohe, der Wohnsitz des „grünen Barons" Süsskind.

Der hat keine Ahnung, wie er es als Frankens Beitrag in dieses etwas arg oberbayernlastige Buch des wohl bekanntesten Reisebuchverlags der Welt geschafft hat. Aber es amüsiert ihn, das ist schwer zu übersehen: Dennenlohe, ein Weiler im stillen Landkreis Ansbach, als Eintrag gleich neben Neuschwanstein und Oktoberfest, das kam dann doch überraschend. Dass Süsskind, den sie im Haus alle mit „Herr Baron" ansprechen, in so ein Buch passt, dafür lassen sich freilich Argumente finden. Nicht notwendigerweise sein Schloss, das ist toll anzuschauen, aber sicher nicht die Krönung süddeutscher Baukunst schlechthin. Eine Führung des Schlossherren durch den von ihm selbst in weiten Teilen ersonnenen und eigenhändig gehegten Schlosspark dagegen – das muss man tatsächlich mal erlebt haben. Wobei gleich gewarnt sei: Allzu langsam sollte man nicht sein. Nicht zu Fuß. Und nicht im Kopf.

Als Schnellsprecher gilt in diesem Land Loddarmaddäus, früher auch Dieter Thomas Heck. Wer aber versucht hat, der Rede des Freiherrn von Süsskind in seinem Park zu folgen, der wird das relativieren müssen. 26 Hektar hat die Anlage, „haben Sie kein anderes Schuhwerk?", fragt der Schlossherr und hält sich nicht lange mit der Antwort auf, auch damit nicht, dass sein verdatterter Gast gerade das Hinweisschild zum Oldtimer-Museum über den Haufen rennt. Der Weg führt durch die persische, barocke, deutsche, englische, fernöstliche Gartenbaukunst, ach

Dem Schlossherrn Robert Freiherr von Süsskind durch seinen Park zu folgen, ist ein besonderes Vergnügen. Einigermaßen schnell sollte man sein dabei. Und zwar zu Fuß und im Kopf.

was, viel zu wenig: Kulturgeschichte. Kurz noch zur persönlichen Lebensgeschichte, ein Schnelldurchlauf im Gehen zwischen zwei von insgesamt fünfzehn Brücken: Süsskind hat mal Wirtschaft in der Schweiz studiert, der Weg zum Bankier schien vorgezeichnet zu sein, schließlich war der große Vorfahre, Johann Gottlieb Süsskind, auch Bankier. In der Familie verwenden sie ausschließlich das Wort Bankier, vom Selbstverständnis her ist das einfach etwas völlig anderes als ein banaler Banker. Der alte Süsskind hatte 1806 ein Privatbankhaus in Augsburg eröffnet, das Anfangskapital betrug 100000 Gulden. Im Testament wurde sein Vermögen später mit 2,7 Millionen Gulden beziffert: Süsskind hatte sich zum reichsten Schwaben seit dem Dreißigjährigen Krieg hochgearbeitet. 1825 kaufte er sich das Schlossgut Dennenlohe von einem Grafen zu Pappenheim mit allem, was so dazugehörte: Brauhaus, Inventar, Grundstücke. Wobei Dennenlohe nur eines von sieben Schlössern war, die er sich leistete. Süsskind hatte sieben Kinder, Streit sollte es da nicht geben.

Wie auch immer: Sieben Generationen später fand es einer seiner Nachkommen naheliegend, sich erst mal grundlegend mit den Fragen der Ökonomie vertraut zu machen. Um sich danach umso konsequenter der eigentlichen Leidenschaft hinzugeben, der Gartenbaukunst. Nach dem BWL-Studium also eine Gärtnerlehre. Süsskind war der älteste in der Klasse, klar, nicht aber der geschickteste: Die Pflasterprüfung musste er dreimal machen. „Dafür brillierte ich mit lateinischen Pflanzennamen", sagt er. Man kann sich das gut vorstellen, kurz vor Parkbrücke drei.

Es geht da gerade um das gartenbautechnisch „perfekte Kleinklima von Dennenlohe", um Missgriffe dilettierender Vorgänger („Wer

Bitte einzutreten: Der Schlosspark lädt ein in die persische, barocke, deutsche, englische und fernöstliche Gartenbaukunst. Und man lernt dabei auch allerlei über die jeweilige Kulturgeschichte.

diese Mauer gebaut hat, war kein Gärtner, sondern ein Depp") und um die Vorzüge des Rhododendrons. Diese sind besonders eingängig, schließlich gilt Dennenlohe als größter Rhododendronpark Süddeutschlands. immer am Karfreitag geht die Saison wieder los, mehr als 10 000 Besucher pro Jahr führt der Schlossherr durch den Garten, „wenn es irgendwie geht, mach' ich das selbst", sagt der Baron, „ich hab da irgendwie eine Mission".

Die Besucher erleben unter anderem drei Gänse als Schlossrasenmäher, etliche Pferde, die Düngemittel zur Verfügung stellen („Wenn schon bio, dann gscheit") und eine dreitausend Bände umfassende Bibliothek mit Gartenbauliteratur samt Süsskinds Erläuterungen, in denen die Namen Beethoven, Goethe und Fürst Pückler tragende Rollen spielen. Ein großer und imposanter Spaß.

Eine Frage zum Schluss noch: Wie kann man so viel in so kurzer Zeit sagen? Er habe sich, antwortet Süsskind, eine Strategie zurechtgelegt, um in seinem Schloss auch mal einen Satz bis zum Ende sagen zu dürfen. Seine Frau spreche doppelt so schnell. Diese widerspricht dem später vehement. Wenn man sich etwas anstrengt, kann man der Widerrede einigermaßen folgen. *Olaf Przybilla*

Durch den größten Rhododendronpark Süddeutschlands führt der Hausherr am liebsten selbst. Am schönsten sind die Ausblicke von den Brücken des Areals. Mehr als ein Dutzend gibt es davon.

Für den Tipp danken wir Susan Taglieber aus Dinkelsbühl.

Streichers Kultstätte

**Auf dem Hesselberg findet sich nur
wenig zu seiner NS-Vergangenheit.**

Die beiden Damen im Café, die auf dem Hesselberg Cappuccino ausschenken, fassen die Sachlage offenbar richtig zusammen. Auf die Frage, ob hier oben irgendwo die Ausstellung zu sehen ist, die dokumentiert, wie der „Frankenführer" Julius Streicher den Berg zu einer NS-Kultstätte umfunktionierte, antworten sie: „Dafür hat's hier keinen Platz." So jedenfalls habe man das gehört.

Das kann man merkwürdig finden, immerhin ist es ein evangelisches Bildungszentrum, das den Berg dominiert, ein geräumiges zumal. Und ein paar Informationen über Streicher würden der Bildung ja grundsätzlich keinen Abbruch tun. Zumal die Liaison zwischen Kirche und Nationalsozialismus in dieser sehr früh sehr braunen Region historisch längst belegt ist.

Rainer Büschel sieht das genauso. Er ist einer der Ausstellungsmacher, die 2010 in Nürnberg dokumentierten, wie die Nazis den Hesselberg-Mythos schufen. „Frankens braune Wallfahrt", wie der Historiker Thomas Greif das in seinem Standardwerk über den Berg genannt hat. Streichers „Frankentage" entwickelten sich seit 1930 zu einer Heerschau, auf der Ebene der NS-Gaue gab es im Reich kein vergleichbares völkisches Volksfest. Die Ausstellung zeigte, wie die Nazis auf dem Berg immer zur Sonnwendfeier eine Art NS-Rummel mit Kulturprogramm zelebrierten. Jedes Jahr pilgerten bis zu 100 000 Besucher den Hügel hinauf, den Streicher zum „heiligen Berg der Franken" erkoren hatte. Sogar konkur-

Jedes Jahr pilgerten bis zu 100 000 Besucher zur „braunen Wallfahrt" auf den Hesselberg in Franken. In den NS-Gauen gab es keinen vergleichbaren völkischen Rummel.

12

Windig ist es auf dem Hesselberg, ringsherum ist die Landschaft flach. Umso mehr lohnt ein Blick von der höchsten Erhebung Mittelfrankens. Etwa nach Baden-Württemberg.

rierende Nazis erlebten Streichers Peitschreden dort als notorisches Gebrüll. Goebbels notierte in sein Tagebuch: „Streicher spricht. Saumäßig. Aber dennoch, die Stimmung ist da." Wie die NS-Feste auf die Menschen in der ländlich geprägten Region wirkten, las sich in der Lokalpresse 1935 so: „Seit rings um den Berg die Hitlerfahna uns winka / viel besser als sunscht das Brot is' und der Schinka."

Könnte man sich dafür auf dem Hesselberg, dem höchsten Berg in Mittelfranken, nicht durchaus interessieren? Büschel findet das auch, er hätte die Ausstellung schon 2010 am liebsten auf dem Berg eröffnet, nicht in Nürnberg. Seither hofft er, dass sie „da wenigstens irgendwann mal zu sehen sein wird", womöglich sogar dauerhaft. Eine Stiftung könnte sich künftig darum kümmern. Büschel hat auch noch Hoffnung, dass das Argument „kein Platz" irgendwann nicht mehr zieht. Immerhin fiel den nationalprotestantisch gesinnten Ortspfarrern eine entscheidende Rolle für die Tatsache zu, dass sich die Nazis schon vor 1933 in Westmittelfranken ausbreiteten wie sonst kaum irgendwo.

Vorläufig hängt im Café nur eine Wand mit einer groben Geschichte des Hesselbergs, die braunen Jahre sind dort immerhin erwähnt. Ein Besuch dort oben lohnt trotzdem. Es zieht zwar ziemlich, ringsherum ist die Landschaft überwiegend flach. Dafür hat man bei schönem Wetter eine famose Aussicht.

Olaf Przybilla

Blick auf das Evangelische Bildungszentrum auf dem Hesselberg bei Gerolfingen. Die Anfänge der Institution gehen auf das Jahr 1951 zurück.

Museum in ruhiger Lage

Westmittelfranken überrascht mit einem der schönsten Museumsbauten Bayerns.

Die Region um den Hesselberg gehört zu den ruhigsten in Bayern. Große Verkehrsadern sind weit entfernt, wer es unaufgeregt mag, ist dort ganz gut aufgehoben. Die Landschaft im sogenannten Westmittelfranken passt sich dieser Lage an, sie ist unspektakulär, aber nicht reizlos. Auf der Fahrt zum Hesselberg macht das Navi mitunter merkwürdige Ansagen, es führt über erstaunliche Wege, aber das muss ja nicht schlecht sein. Andererseits muss man erst mal in den südlichen Teil des Landkreises Ansbach kommen, einfach so fährt da kaum einer vorbei. Früher war von der Region wenigstens noch in der Radiowerbung zu hören, „in Wassertrüdingen am Hesselberg" stehe ein Möbelhaus, hieß es da immer. Seither? Schwierig.

Für den Neubau eines Museums, noch dazu mitten auf der grünen Wiese, sind das alles keine perfekten Bedingungen. Im Ruffenhofener „Limeseum" haben sie es trotzdem gewagt. Es wäre zu rosarot gezeichnet, würde man behaupten, das Museum würde von Massen gestürmt seit der Eröffnung. Beim Thema Limes hatte das aber auch keiner erwartet. Und doch bereut den Neubau wohl kaum jemand, auch wenn er fürs Budget der kleinen Orte ringsherum zur besonderen Herausforderung geriet. Dafür dürfen sie nun stolz auf einen der schönsten Museumsneubauten der vergangenen Jahrzehnte in Bayern sein.

In einer Sonderschau beschäftigte sich das Haus kürzlich mit „Einblicken in den Wirtschaftsraum am Raetischen Limes", es ging

Das Museum veranschaulicht römisches Leben am Limes in Ruffenhofen. Wie sah das Leben eines römischen Soldaten im fernen Franken aus? Wie war sein Alltag?

um römisches Münzwesen, um die Soldlieferung aus der Provinzhauptstadt, den Handel mit Geschirr und feinen Stoffen und um römische Speisesitten. Aber im Grunde ist es im Limeseum wie in einem guten Sportstadion. Was da gerade genau geboten wird, ist manchmal gar nicht so entscheidend. Wichtig ist der Bau an sich.

Wer danach noch Lust auf Kultur hat, besucht das Pinselmuseum in Bechhofen. Scheint die Sonne, ist ein Besuch an der Wörnitz bei Wittelshofen aber mindestens so empfehlenswert. Dort ist ein Biergarten, angegliedert an die Wörnitz Stuben. Es gibt doofe Übertreibungen, das Wort vom „Wohnzimmer der Franken" ist auch eine. Aber irgendwie stimmt es schon. In Nordbayern gibt es wenig vergleichbar schöne Flussbiergärten mit Hügelblick.

Mindestens im Sommer lohnt dann noch ein Abstecher über die nahe Landkreisgrenze. Da ist der Altmühlsee, und dort kann man im Örtchen Muhr am See Theaterfestspielen beiwohnen. Es gibt größere Freiluftspiele in Bayern, mit Wunsiedel etwa wird Muhr nie mithalten können. Dafür sitzt man dort von Juni an ziemlich nah am See dran, auch nicht schlecht. Danach geht's noch zum Essen ins Fachwerkstädtchen Gunzenhausen, dort tafelte schon Goethe. Auf der Rückreise aus Italien kehrte er im Juli 1788 im Gasthaus Zur Post ein.   *Olaf Przybilla*

In Ruffenhofen ist man stolz auf einen der schönsten Museumsneubauten in Bayern. Die abgeschiedene Lage hat nicht nur Vorteile: Zufällig kommen Besucher hier eher selten vorbei.

Den Römerpark Ruffenhofen, etwa 40 Hektar groß, teilen sich die Gemeinden Gerolfingen, Weiltingen und Wittelshofen. Unter der Erde wurde dort ein römisches Kastell entdeckt.

Ansbach

A6

Herrieden

B13

Pinselmuseum
Bechhofen

Muhr am See

Altmühlsee

Hotel Gasthof Arnold
Zur Post
Gunzenhausen

Schloss
Dennenlohe

Wörnitz Stuben
Wittelshofen

Hesselberg

Wassertrüdingen

Limeseum
Ruffenhofen

Heidenheim

Oettingen
in Bayern

5 km

Infoservice

Schloss Dennenlohe: Freiherrliche von Süsskind'sche Schloss- und Gartenverwaltung, Dennenlohe 1, 91743 Unterschwaningen, Telefon 09836/96888, www.dennenlohe.de. Der Schlosspark ist vom Karfreitag bis Anfang November werktags von 9 bis 17 Uhr, an sonstigen Tagen von 10 bis 17 Uhr geöffnet. Führungen oder Privatbesichtigungen sind nach vorheriger Reservierung auch ganzjährig möglich.

Hesselberg: Touristikverband Hesselberg e. V., Sandra Reichert, Aufkirchen 50 (Rathaus), 91726 Gerolfingen, Telefon 09854/979778. Infos über die Region rund um den Hesselberg sowie Radtouren oder geführte Wanderungen auf dem Hesselberg unter www.hesselberg.de. Evangelisches Bildungszentrum Hesselberg, Hesselbergstraße 26, 91726 Gerolfingen, Telefon 09854/10-0, www.ebz-hesselberg.de.

Limeseum Ruffenhofen: Römerpark Ruffenhofen 1, 91749 Wittelshofen, Telefon 09854/9799242, www.limeseum.de. Geöffnet Dienstag bis Freitag von 10 bis 16 Uhr, am Wochenende und an Feiertagen von 11 bis 17 Uhr.

Römerpark: Seit der Antike wurde die Fläche des Kastells Ruffenhofen nicht überbaut. Die archäologischen Strukturen sind daher bis heute in ihren Fundamenten im Boden erhalten. Der Park ist jederzeit frei zugänglich, Infos unter www.roemerpark-ruffenhofen.de.

Wörnitzstuben mit Biergarten: Wörnitzstraße 12, 91749 Wittelshofen, Telefon 09854/206, www.woernitzstuben.de. Geöffnet Mittwoch bis Freitag und Montag von 11 bis 14 Uhr und von 17 bis 24 Uhr, Samstag und Sonntag durchgehend von 11 bis 24 Uhr.

Die Breitach-
klamm ist eines der
spektakulärsten
Naturschauspiele
im Allgäu.

Schwaben

Zu Besuch bei Stuzze-muzz und Maringga

Der Wolfgang aus Obermaiselstein führt nach Sonnenuntergang durch das mythische Allgäu.

Kariertes Kurzärmelhemd, knielange Hose, Sandalen, Vollbart, stämmige Waden. „I bin der Wolfgang", sagt der Sagenerzähler, „du darfsch du sagen." Der Wolfgang. Er hat nix dabei bis auf sein unerschöpfliches Reservoir an Geschichten. Fünfzig Männer und Frauen, Buben und Mädchen nimmt der Wolfgang mit auf seine Sagenwanderung von Obermaiselstein zum Schwarzenberg. Beim Start kurz vor Sonnenuntergang wird noch gejammert. „Schon wieder laufen", nörgelt ein Mädchen. Die armen Kinder, sie haben heute sicherlich schon vie-

Spannender Höhepunkt für Kinder: die Fackelwanderung zu den vier wilden Fräuleins Stuzzemuzz, Maringga, Tschudre Mudre und Ringede Bingge.

le Stunden auf ihren Beinen verbracht – und null Bock mehr auf eine weitere Wanderung. Doch das Problem ist ganz schnell gelöst: Kaum erzählt der Wolfgang seine erste Geschichte, kippt die Stimmung.

Plötzlich rennen die eben noch lautesten Jammerer flink umher. Sie springen und drängeln, damit sie ja nichts von dem verpassen, was der Wolfgang im Gehen zwischen den Stationen erzählt. „Wie werden die Fackeln angezündet?", fragt eine ganz Kleine. „Die halten wir dem Drachen vors Maul", brummt der Wolfgang, „und der spuckt dann Feuer." Viele große Augen gucken ihn an. Schweigen. Ein Bub widerspricht: „Aber wir gehen doch gar nicht in seine Höhle rein." Stimmt, sagt der Wolfgang. „Aber vielleicht ist er ja mal draußen." Wieder großes Schweigen.

Der Wolfgang erzählt, wie die Buben früher noch mit Lederhose und ohne Schuhe rumliefen. Und wenn es im Winter zu kalt war, „dann sind sie mit ihren Füßen in den frischen Kuhfladen neigstapft, um sich aufzuwärmen", sagt der Wolfgang. „Aber iiii", kreischt ein Mädchen mit rosa Turnschuhen. „Ja", lacht der Wolfgang, „aber weil das alle gemacht haben, hat es im Klassenzimmer gleichmäßig gestunken."

Ab und an wurden in Obermaiselstein auch sehr edel gekleidete Gestalten gesehen, erzählt der Wolfgang. „Sogar mit Strümpfen und Schuhen." Aber sobald man ihnen näherkam, waren sie verschwunden. Die Venediger-Mändle. Eine Sage, die man sich im gesamten deutschsprachigen Alpenraum „verzählt", wie der Wolfgang sagt. Diese Mändle kamen aus Venedig, sie hatten einen Zauberspiegel und suchten nach Gold. „Ihre Schätze lagern heute noch hier", erzählt der Wolfgang. Einer davon mitten in der Sturmannshöhle. Aber Vorsicht: Jedem, der sich nähert, droht

Der Weg durch die Sturmannshöhle führt nur zu Beginn über breite Gitterroste. Bald darauf wird es eng und abenteuerlich.

Der steile Aufstieg zur Sturmannshöhle lohnt sich allein schon wegen der prächtigen Aussicht auf den Grünten, die man vor dem Eingang genießen kann.

das Verderben. Gut, dass die Kinder erst am nächsten Tag in die Höhle müssen.

Jetzt geht es erst einmal zu den vier wilden Fräuleins. Die heißen Stuzzemuzz, Maringga, Tschudre Mudre und Ringede Bingge. In der Dunkelheit kann man ihre Schatten nur erahnen über dem Fallenbach, der aus dem Berg herausplätschert. Dem einen oder anderen Wanderer ist es mulmig zumute, zumal die Fackeln immer noch nicht brennen. „Die zünden wir erst an, wenn es kuahranzanacht ist", sagt der Wolfgang. Für alle Nicht-Allgäuer: Es muss erst so dunkel sein wie im Bauch einer Kuh.

Der Wolfgang verlangt seinen Gefolgsleuten wirklich einiges ab: Geduld, Ausdauer, Mut. Er erzählt seine Geschichten ungewöhnlich detailliert, fast schon langatmig. Aber das ist gut so: Es ist ein Kontrastprogramm zur gewohnten Oberflächlichkeit und Schnelligkeit im Alltag. Wer sich auf den Wolfgang und seinen Erzählstil einlässt, für den ist das reinste Erholung. Die Kinder hängen ihm sowieso an den Lippen. Der Wolfgang spricht alle Sinne an: „Was hört man da?", flüstert er. „Schnarchgeräusche?" Oder doch nur Wasser? „Was so ein Tropfen schon alles erlebt hat", sagt der Wolfgang. „Hörsch mal zu, was der zu erzählen hat." Klar, dass hierzu die Fackeln noch aus sein müssen. Erst nach zwei Stunden darf es endlich hell werden. Auf dem langen Heimweg hört man kein einziges Kind jammern. Dazu sind sie alle viel zu beschäftigt mit ihrem Feuer – und mit dem Gehörten. „Det war ne coole Geschichte", sagt ein Junge. „Aber det mit dem Spiegel gloob ich nich."

Am nächsten Tag wartet das nächste Abenteuer: die Sturmannshöhle. Zunächst läuft man eine gerade Strecke vorbei an Drachentor, Kreuzeck und Höhlenrachen. Eng und kalt ist es hier drin. Acht Grad, 96 Prozent Luftfeuchtigkeit. Den Oberkörper muss man kräftig nach rechts biegen, wie ein Schlangenmann oder eine Bauchtänzerin muss man sich nach vorn arbeiten. Manchmal heißt es bücken, manchmal tut sich über einem ein vierzig Meter hoher Felsspalt auf. Doch dann wird es erst richtig spannend: 180 Gitterstufen geht es steil bergab. Tief hinein in die 120 Millionen Jahre alten Gesteinsformationen. Ein diffuses Rauschen ist zu hören. Es wird immer lauter. Am Ende steht man 470 Meter unterhalb der Oberfläche des Schwarzenbergs, inmitten des stürmischen Höhlenbachs, der links und rechts an einem vorbeirast. Das Allgäu, es hat jenseits von Kuhweiden und Bergpanoramen auch unter der Erde einiges zu bieten. Auch wenn sich das Venediger-Mändle diesmal leider nicht gezeigt hat. *Stefan Mayr*

Eine Gedenkplatte aus dem Jahr 1905 erinnert an die „furchtlosen Männer", die die Sturmannshöhle damals „durchforscht" haben.

In der Sturmannshöhle geht es 180 Gitterstufen hinab – bis mitten hinein in den rauschenden Höhlenbach.

Der Herr der Unterwelt

Dieter Fischer und ein paar Gleichgesinnte haben die Erzgruben im Grünten wieder zugänglich gemacht.

Dieser Bürgermeister hat schon viele lange Jahre in der Unterwelt des Allgäus verbracht, und er erzählt davon voller Stolz. Dieter Fischer ist wahrlich ein ungewöhnliches Gemeindeoberhaupt: Er erscheint mit Sportschuhen, Goretex-Hose und Funktionsoberhemd. Er ist nicht nur der Chef im Rathaus von Burgberg, sondern auch einer der Pioniere bei der Erforschung der Erzgruben im Grünten.

Zum Beispiel die Annagrube: „Die haben wir zu dritt selbst gepickt", erzählt Fischer. „Wir sind arschlings nei. Mit Seilsicherung am Baum draußen." Zehn Meter tief hätten sie sich abgeseilt. Danach seien sie kaum mehr hochgekommen. „Ausg'schaut haben wir wie Schlammsäue." Doch die Mühe hat sich gelohnt. Inzwischen ist die Grube auch für die Öffentlichkeit begehbar, ganz ohne Seil und Dreck. Nur mit einem Plastikhelm. Sie gehört zur Erzgruben-Erlebniswelt, die 2006 eröffnet hat.

Bis 1859 wurde im Grünten noch nach Erz gegraben. Dann lohnte sich der Aufwand nicht mehr, weil die Eisenbahn besseres und billigeres Eisen aus England und Schweden ins Allgäu brachte. Viele Bergmänner wanderten deshalb aus. Ins Ruhrgebiet, ins Saarland oder nach Amerika. In Burgberg selbst verblasste die Erinnerung an die harte Arbeit im Berg allmählich. „Irgendwie hat die Bevölkerung gewusst, dass da mal was war", berichtet Bürgermeister Fischer. „Aber nix Genaues." Bis sich in den 1990er-Jahren eine Handvoll Männer daran machte, die Vergangenheit zu

Im Museumsdorf der Erzgruben-Erlebniswelt informieren mehrere Hütten über die harte Arbeit der Bergleute. Es gibt auch eine Schauschmiede.

13

Das Erzgrubenbähnle bringt alle Gäste vom Ortskern Burgbergs hinauf zum Museumsdorf – und wieder zurück.

erforschen, die im eigentlichen Sinne des Wortes verschüttet war. Aus Sicherheitsgründen waren die Gruben „zugesprengt" worden – und das gründlich. „Das war unser größtes Problem", erinnert sich Fischer. Aber jetzt, nach dem Einsatz Tausender ehrenamtlicher Stunden und einer Million Euro, lockt die Erlebniswelt jährlich etwa 20 000 Gäste an.

Ein Besuch der Gruben lohnt sich. Die einzelnen Schächte sind meist windschief. Hier wurde nicht systematisch im rechten Winkel mit Maschinenkraft gebohrt, sondern mit Hammer und Meißel der Erzader hinterhergehackt. Übrig geblieben sind abenteuerlich anmutende Höhlenformationen. Mit Hölzern, die quer in den Fels gerammt wurden. Man ahnt, wie gefährlich die Arbeit damals war. Die Wände sind feucht und glitschig. Dieter Fischer weiß genau, wo er mit seiner Taschenlampe hinleuchten muss, damit er dem Besucher ein Ah und Oh entlockt. Er zeigt Stellen mit vielen weißen Flecken. „Das sind verpilzte Spinnen", sagt er. Sie starben und wurden dann von Pilzen befallen.

Im Museumsdorf informieren mehrere Hütten über die Geologie des Grünten und über das Arbeiten und Leben der Bergknappen. Neben Führungen durch die Gruben gibt es eine Schauschmiede, in der sich Kinder an Aktionstagen Glückshufeisen machen lassen können.   *Stefan Mayr*

Die Erzgruben-Erlebniswelt bei Burgberg bietet Familienführungen in die Unterwelt.

Schäumende Wasser

Die Klammen der Breitach und Starzlach sind lohnende Ausflugsziele – die Breitachklamm sogar im Winter.

Eines der spektakulärsten Naturschauspiele im Allgäu, wenn nicht das beeindruckendste, ist die Breitachklamm. Unweit der B19 Richtung Kleinwalsertal hat die Breitach eine tiefe, schmale, beeindruckende Spalte in den Fels gespült. Menschenhand hat die Klamm erschlossen und erlebbar gemacht – auch für Kinder sind die gut befestigten Stege und Brücken geeignet.

Stellenweise fühlt man sich hier wie im Kinofilm „Avatar": Grollen, weiß schäumende Wassermassen. Wuchtige Felsformationen auf Augenhöhe, über die man nur staunen kann. Ihre schräg verlaufenden Verwerfungen sind meist zackig, mitunter auch kugelrund, vom Wasser geformt in Millionen von Jahren. Dazwischen hängen verkeilte Baumstämme und liegen haushohe Felsbrocken. Auch der Blick nach oben lohnt sich: Fünfzig Meter hoch türmt sich eine überraschend grüne Landschaft mit Farnen und Moosen, Bäumen und Wasserfällen. Kommt einem jetzt gleich die Drachenflotte der Avatare entgegengeflogen? Nein, der geistige Kurztrip in die Fantasiewelt ist schnell zu Ende. Man erblickt Riesenfelsen, eingeklemmt an den Steilwänden. Spätestens jetzt versteht man die Lebensgefahr-Hinweisschilder am Eingang der Schlucht. Wie schnell die Wildnis die Oberhand gewinnen kann, wird in der Klamm an vielen Stellen überdeutlich: vor allem an jenen Schildern, die die historischen Wasserstände anzeigen.

Wer es etwas beschaulicher mag, kann die Starzlachklamm oder den Eistobel erkun-

Die Breitachklamm ist auch im Winter begehbar – und entfaltet dabei einen besonders eisigen Reiz.

Kleine Mutprobe: Zwischen den Steilwänden der Breitachklamm stecken mitunter mächtige Felsbrocken, unter denen man hindurchlaufen muss.

Bis zu fünfzig Meter tief hat sich die Breitach im Laufe der Jahrmillionen in den Fels gefräst.

den. Ein ganz besonderes Spektakel bietet eine Wanderung zu den Buchenegger Wasserfällen (bei Oberstaufen). Hier kann man den Jugendlichen beim „Gumpenjucken" zuschauen: Sie springen aus bis zu zwölf Metern Höhe in die Weißach. Sollten gerade keine Draufgänger da sein, hilft nur eines: selber reinspringen.

Ein ungleich ruhigeres Badevergnügen bietet der Gaisalpsee. Er liegt auf 1509 Metern Höhe und ist nur auf einer recht anspruchsvollen Wanderung zu erreichen. Die Mühe lohnt sich: Wer sich auf dem Wasser auf dem Rücken treiben lässt, bekommt mit ein bisschen Glück eine Gams, einen Adler oder beides zu sehen.

Im Bergbauernmuseum in Diepolz bei Immenstadt kann man dem Leben und Arbeiten der Bergbauern nachfühlen – im historischen Sattler-Hof von 1920. Dort leben alte Tierrassen, es gibt Führungen zur Wald- und Holzwirtschaft oder über Milchwirtschaft, sogar mit Käseprobe. Im Allgäu gibt es auch zahlreiche Wildkräuterführungen. Die dabei gewonnenen Erkenntnisse lassen sich in Kursen vertiefen: kochen wie die Vorfahren mit wild wachsenden Kräutern, Wurzeln, Samen, Früchten und Blüten. *Stefan Mayr*

Für den Tipp bedanken wir uns bei Gabriele Ernstberger aus Haar.

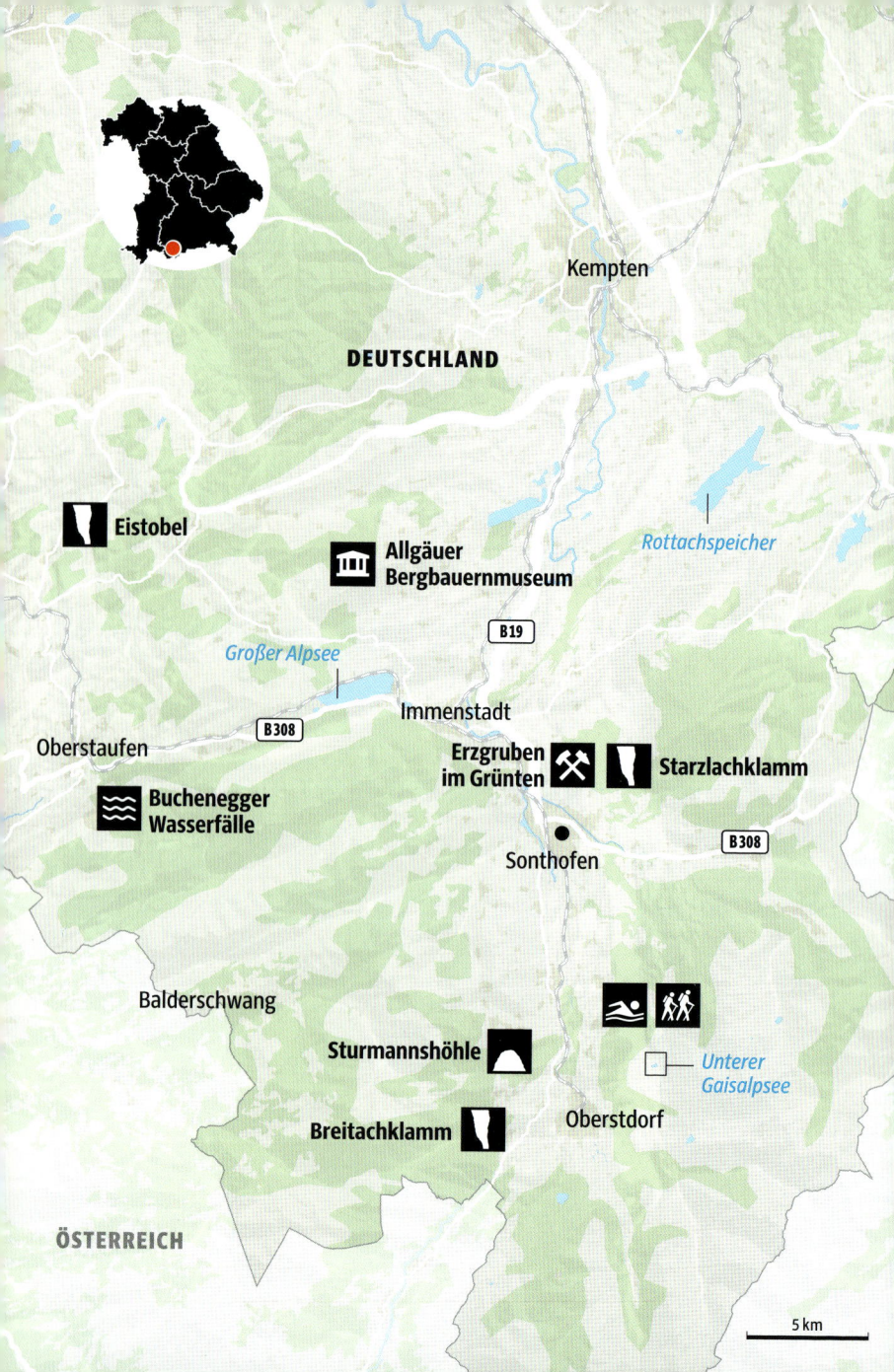

Kempten

DEUTSCHLAND

Rottachspeicher

Eistobel

Allgäuer
Bergbauernmuseum

B19

Großer Alpsee

B308

Immenstadt

Oberstaufen

Erzgruben
im Grünten

Starzlachklamm

B308

Buchenegger
Wasserfälle

Sonthofen

Balderschwang

Sturmannshöhle

*Unterer
Gaisalpsee*

Breitachklamm

Oberstdorf

ÖSTERREICH

5 km

Infoservice

Sagenwanderung Obermaiselstein: Die Wanderung wird im Juli, August und September durchgeführt – genaue Termine sind unter www.obermaiselstein.de/sagenweg verzeichnet. Sie dauert circa zwei Stunden (im Juli 20 bis 22 Uhr, im August 19.30 bis 21.30, im September 19 bis 21 Uhr). Anmeldung in der Gästeinformation erforderlich, Telefon 08326/277. Treffpunkt bei der Gästeinformation, Am Scheid 18, 87538 Obermaiselstein.

Sturmannshöhle: Von Mai bis Anfang November täglich von 9.30 bis 16.30 Uhr geöffnet, Führungen finden stündlich statt. Vom 26. Dezember bis zum Sonntag nach Ostern ist die Höhle von 11 bis 16 Uhr geöffnet und am Montag und Dienstag geschlossen, außer in den Weihnachts- und Osterferien. Die Führungszeiten gelten ab Höhleneingang. Deshalb eine kleine Zeitreserve einplanen, da der Weg vom Kassenkiosk bis zum Höhleneingang circa fünf bis zehn Minuten in Anspruch nimmt.

Erzgruben-Erlebniswelt im Grünten: Grüntenstraße 2, 87545 Burgberg im Allgäu, Telefon 08321/7884646. Es gibt keine öffentliche Zufahrt zum Museumsdorf. Am besten ist es mit dem Erzgrubenbähnle zu erreichen, ab den Haltestellen in Burgberg Parkplatz Steinbruch, VitalPark, Dorfplatz Burgberg, Grüntenweg/Weiherle. Geöffnet von Ende April bis Ende Oktober (10.30 bis 17 Uhr). Führungen in der Hauptsaison von Mitte Juli bis Anfang September täglich ab 10.30 bis 14.30 Uhr jede Stunde, in den übrigen Monaten zweimal am Tag, jeweils um 11.30 und 14.15 Uhr. Genauere Infos, auch zu den geführten Rundwanderungen, unter www.erzgruben.de. Im Winter geschlossen.

Starzlachklamm: Auskunft bei der Touristeninformation Sonthofen, Telefon 08321/615 291, www.starzlachklamm.de. Die Starzlachklamm ist je nach Witterung in der Regel von April bis November geöffnet. Beginn der Tour auf dem Parkplatz Starzlachklamm, 87527 Sonthofen.

Mit Bäumen reden und mit Kühen singen

Auf dem Hummelhof können Kinder erleben, wie vernetzt die Natur ist.

Es war der Tod einer Fruchtfliege, der bei Bernhard Hummel 1975 einen Schalter umlegte. Der damalige Abiturient in Freiburg sollte das Insekt in ein Gläschen Äther locken, weil die Biologieklasse Fliegen unter dem Mikroskop untersuchen wollte. „Doch ich habe protestiert, alle aufgehetzt. Warum sollen wir die Lehre des Lebens über den Tod untersuchen?", erinnert sich Hummel, heute ein stämmiger Mann mit Schlapphut und Cord-

Der mit den Tieren spricht: Bernhard Hummel mit seinen zahmen Enten und der Gans, die sich wie ein Wachhund benimmt.

Als Lamm lebt es sich gut auf dem Hummelhof. Man muss nicht fürchten, alsbald als Braten auf dem Teller zu landen.

hose. Statt in Gläschen entließen die Schüler 3000 Fliegen in die Klassenzimmerluft.

Auch wenn die kleine Rebellion mehr als vierzig Jahre her ist, hört man Bernhard Hummels Stimme bis heute einen gewissen Stolz an. Aus der Überzeugung, Tiere nicht einfach zu töten, Bäume nicht einfach zu fällen und Pflanzen nicht einfach herauszurupfen, ist ein Konzept geworden: der Hummelhof in Elmatried bei Kempten im Allgäu. Seit mehr als zwanzig Jahren betreibt Familie Hummel – Bernhard Hummel, seine Frau Andrea und acht Kinder – ihn als pädagogischen Bauernhof mit heilpädagogischer Tagesstätte. Soll beispielsweise eine Esche für den Kuhstall gefällt werden („das sonnigste Tier braucht sonniges Holz"), so frage er diese, ob sie Teil des Stalls sein wolle, sagt Hummel. „Man merkt es, wenn der Baum nicht will. Dann hat man das Gefühl, der passt nicht zu uns."

Angelehnt an das Konzept der biologisch-dynamischen Landwirtschaft von Rudolf Steiner bewirtschaftet Familie Hummel zwan-

Bernhard Hummel behandelt seine Tiere fast wie Menschen. Manchmal liest er ihnen sogar Gedichte vor.

Langweilig wird es den Tieren bestimmt nicht auf dem Hummelhof. Dort lässt es sich trefflich herumklettern.

Das Ehepaar Hummel hat acht Kinder. Im Bild der Hofherr (rechts) mit Sohn Lorenz sowie Schaf und Katze.

zig Hektar Land und konzentriert sich neben der Lebensmittelproduktion auf den Erhalt alter und vom Aussterben bedrohter Nutztierrassen, Wildtiere und Pflanzen. Haus und Hofraum hat die Familie Hummel selbst finanziert. Alles Weitere gehört dem gemeinnützigen Verein Heilpädagogik und Landbau e.V. Achtzig Vereinsmitglieder haben sich auf sieben Jahre verpflichtet, jeden Tag einen Euro in das Projekt zu stecken. Nur so kann Bernhard Hummel finanzieren, dass er seine Kühe nicht melkt („Ich will kein ausbeuterisches Verhältnis, sondern eher ein Liebesverhältnis") und dass sechzehn Kinder der heilpädagogischen Einrichtung auf dem Hof mithelfen und mit den Therapie-Eseln arbeiten können. Über ihre Projekte berichtet die Familie in einem Blog. Im Hofladen verkauft Hummel Obst und Gemüse, „aber am liebsten würde ich es verschenken, an Asylbewerber oder Hartz-IV-Empfänger, damit die sich auch gutes Essen leisten können". Beetpatenschaften für 65 Euro im Jahr, bei denen Familien Acker, Saatgut und Arbeitsgeräte erhalten, bringen zusätzlich etwas Geld ein.

Zusammen mit sechzig Drittklässlern der Freien Schule Albris, der ehemaligen Waldorfschule in Kempten, an der Hummel als

„Lehrer für alles" arbeitete, baute er vor einigen Jahren den Kuhstall mit Blick in die Landschaft, auf den Schlangenteich und die Streuobstwiesen, auf Hecken, Kräuterbeete und Korbweiden. Drinnen riecht es nach Heu und warmem Fell. Wie reagiert Hummel auf den Hinweis, dass Kühe kurzsichtig sind und die eingebauten Runen und sauberen Glasfenster vielleicht gar nicht schätzen könnten? Er lächelt. „Sie müssen sich das hier mal anschauen, wenn die Sonne scheint. Da merken Sie, wie ruhig die Tiere werden, wie sie genießen", sagt er. Dann singe er ihnen vor, „Do you really love a woman" oder schweizerische Volksweisen mit sanfter Stimme. Er striegelt die Tiere am Morgen und führt sie spazieren. Sie dürfen bleiben, bis sie sterben, wie alle Tiere auf dem Hof. Die zahmen Enten, die Hummel aus der Hand füttert, die Gans, die Fremde wie ein Wachhund anfaucht, die Schweine Stunki und Kunki, die im Lehmboden tiefe Kuhlen graben, die Schafe. Bevor er ein Tier verkauft, schaut er sich den Käufer an, zum Schlachten verkauft er keines. „Wenn, dann schlachte ich selbst", sagt er. Dann drehe er eine Runde mit dem Tier, danke ihm mit einem Gedicht und ziehe hinter dem Rücken das Bolzenschussgerät hervor. Das Tier stirbt angstfrei, sagt Hummel.

Der Hummelhof produziert seine Lebensmittel nach hohen Qualitätsstandards, doch für Bernhard Hummel ist das noch längst nicht alles. Er träumt von Größerem, von einer richtigen Hummelhof-Bewegung, die wächst, der sich Menschen anschließen und die später von anderen weitergetragen wird. „Es ist so wichtig, dass Kinder erleben, wie vernetzt Natur ist und wie alles zusammengehört", sagt Hummel. Über seinen Alltag sagt er: „Es macht mir Lebensfreude, ich trage diesen Hof mit mir mit." *Sarah Kanning*

Ich glaub, mich knutscht ein Schwein: Lorenz Hummel kennt keine Berührungsängste.

Für den Tipp bedanken wir uns bei Bernhard Hummel aus Kempten.

Was ist ein Berg?

Das Alpinmuseum Kempten zeigt die Vielfalt der Bergwelt vom Matterhorn bis zum Himalaya.

Bonaventura Schaidnagl aus dem Ostallgäu war 36 Jahre alt, bergerfahren, Vater von fünf Kindern, als er am 18. August 1939 spurlos verschwand. Wie vom Erdboden verschluckt. Was musste sich seine Ehefrau nicht alles anhören: Ihr Mann habe sich aus dem Staub gemacht, zwei Wochen vor Beginn des Zweiten Weltkrieges, weil er nicht an die Front wolle, der Feigling. Oder: Er habe sie verlassen, weil sein jüngstes Kind mit einer Behinderung geboren worden war, der Schuft.

Erst 65 Jahre später, im Sommer 2004, stießen drei Bergsteiger auf einer steilen, ungewöhnlichen Trainingstour am Mittelbergferner an der Wildspitze in Tirol zufällig auf die Spur des so böse Verunglimpften: Sie fanden die im Eis perfekt erhaltene Ausrüstung des Verunglückten, Bergstiefel, Kleidung, Eispickel, aber auch Fahrkarten, Rasierzeug, Feldflaschen und ein Taschentuch mit dem Monogramm TM – die Anfangsbuchstaben des Namens von Bonaventuras Mutter. Der Doktor der Philosophie und Volksschullehrer hatte sich nicht absetzen wollen – er war in eine Gletscherspalte gestürzt. Vermutlich ein tragischer Unfall.

Geheimnisvolle Berge, gefährliche Berge, heilige Berge und Lebensraum Berge: Im größten alpingeschichtlichen Museum Europas in Kempten ist genug Raum für all diese Facetten der Gebirge der Welt. Vom Matterhorn über den Kaukasus und den Himalaya bis in die Anden nach Südamerika haben das bayerische Nationalmuseum und der deutsche Alpen-

Hinter dieser Tür im ehemaligen Marstall verbirgt sich das größte alpingeschichtliche Museum Europas.

Das Alpinmuseum beschäftigt sich nicht etwa nur mit den Alpen, sondern auch mit dem Kaukasus oder dem Himalaya.

verein Reliquien, Geschichten, Bilder und Gesteinsproben zusammengetragen. Es beginnt mit der Frage: Was ist ein Berg? „Einerseits sind Berge etwas Heiliges, etwas Anbetungswürdiges, andererseits sind sie auch extrem distanziert", sagt Klaus Spreitler. Der ehemalige Lehrer für Geografie und Englisch führt mit zwei anderen Bergfans seit einigen Jahren Besucher durch die vier Stockwerke. Manche muss er dabei etwas antreiben – sonst würden sie schon im Erdgeschoss bei Kulturgeschichte und Gesteinsforschung hängen bleiben.

Sie würden dann möglicherweise das Herzstück der Sammlung, den Raum zu Bonaventura Schaidnagl, verpassen. Oder die liebevoll gestaltete Flora und Fauna der Gebirge mit wunderbar duftenden Holzstämmen und ausgestopften Tieren hinter Glas.

Wie wichtig die Berge, in diesem Fall die Alpen, für Kempten waren, erfährt man im ersten Stock des Museums: Hier fällten die Bewohner Ende des 19. Jahrhunderts im Winter massenhaft Bäume, „weil das Holz dann nicht belebt war", wie Spreitler sagt. Die Stämme ließen sie ins Tal sausen. Flößer verschifften das Holz über die Donau bis Budapest, das Floß ließen sie auch gleich dort. Doch sie hatten meist noch etwas anderes an Bord, verrät Spreitler, was für die Bewohner dort von noch viel größerem Interesse war. Sie schmuggelten. Besonders begehrt waren angeblich Schnaps – und lebende Schnecken.

Sarah Kanning

Das Herzstück der Ausstellung ist der Raum über Flora und Fauna, mit ausgestopften Tieren hinter Glas.

Geschichte in 3D

In Kempten können Besucher durch Hunderte Jahre Geschichte reisen – von der Antike bis zur Neuzeit.

In die Geschichte Kemptens führen 23 Stufen hinab: zu den Mauern des Untergeschosses der im 13. Jahrhundert erbauten Erasmus-Kapelle unter dem St.-Mang-Platz mitten in der Altstadt. Im Jahr 2010 hat die Stadt Kempten dort unten einen Schauraum eingerichtet, der einen besonderen Einblick in acht Jahrhunderte Stadtgeschichte liefert. Beamer werfen Bilder und Markierungen an die Wände und eine Stimme erzählt dazu die Geschichte der Mauern, die ursprünglich zu einem Beinhaus gehörten, in dem Christen bestattet wurden. Später wurde das Erdgeschoss der 1857 abgebrochenen Kapelle dem Erzengel Michael, das Untergeschoss dem heiligen Erasmus geweiht, noch später entstand dort ein Weinkeller.

Passenderweise klingen aus den Lautsprechern erst Glocken zur Messe, dann sieht man auf die Wände projizierte Weinfässer. Im Zweiten Weltkrieg musste die westliche Mauer der unterirdischen Ruine einem Schützengraben weichen, und die Mauerreste wurden erst in den 1980er-Jahren so richtig wiederentdeckt. Bei Grabungen stießen Archäologen von 2008 bis 2010 auf Reste von mehr als fünfhundert christlichen Bestattungen und stellten fest, wie gut das untere Geschoss erhalten war: Mit einer Raumhöhe von 2,80 Metern, verputzten Wänden, Resten von Wandmalereien und zahlreichen Ausstattungsdetails wie Gewölbeansätzen, Treppen, Fenstern und Wandnischen nennt die Stadt es „ein dreidimensionales Geschichtsbuch vom

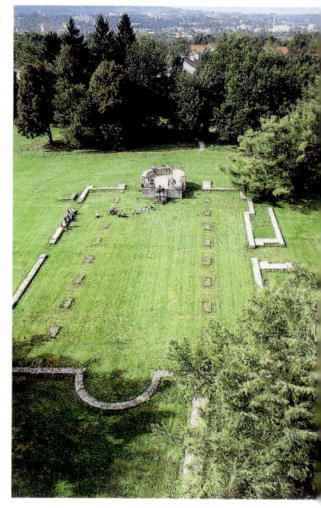

Die Basilika war der größte und nobelste Versammlungsraum in der Römerstadt Cambodunum, heute Kempten.

Mittelalter bis zur Neuzeit". Für 1,4 Millionen Euro wurde das Gebäude ausgebaut.

Wer noch weiter in der Geschichte zurückreisen will, für den ist der Archäologische Park Cambodunum Pflicht: Zweitausend Jahre alte Stadtgeschichte in der Römerstadt Kempten, sichtbar in Spuren und Funden aus 120 Jahren archäologischer Arbeit – ein beeindruckendes Freilichtmuseum, das an das antike Leben erinnert.

Innerhalb von Kempten ist man am besten zu Fuß unterwegs, die historischen Sehenswürdigkeiten sind wenige Gehminuten voneinander entfernt. Im Kern der mittelalterlichen Reichsstadt und heutigen Altstadt steht das Rathaus von 1474 mit einer Fassade aus den 1930er-Jahren. Nur wenige Minuten entfernt die prachtvolle Residenz, die 1652 als erster monumentaler Klosterkomplex Deutschlands nach dem Dreißigjährigen Krieg gebaut wurde. Mit kräftig-warmen Farben sind in den Räumen profane und sakrale Elemente kombiniert. Dem „blauen Allgäu", wie es wegen seiner vielen Flachsblüten genannt wurde, spürt man am besten im Allgäu-Museum nach. Hier kann man Mägde und Knechte dabei belauschen, wie sie über Dienstherren klagen oder sich darüber mokieren, dass im „Spielebuch für Mädchen" aus dem 19. Jahrhundert 350 der 750 Spieleanleitungen direkt auf die Einübung hausfraulicher Tätigkeiten zielten.   *Sarah Kanning*

Fundamente und ein Modell der Kleinen Thermen. Hier badeten der Statthalter, sein Mitarbeiterstab und seine Gäste.

Bei manchen Führungen werden Szenen aus dem Römerleben nachgespielt – hier eine Hochzeit.

B19

A7

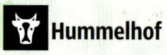
Hummelhof

Iller

Historisches Rathaus

Alpinmuseum

Allgäumuseum

Archäologischer Park Cambodunum

St.-Mang-Kirche Erasmuskapelle

KEMPTEN

B309

1 km

Infoservice

Hummelhof: Andrea und Bernhard Hummel, Elmatried 57, 87439 Kempten, Telefon 0831/98232, www.hummelhof.wordpress.com.
Für Interessierte finden jeden ersten Samstag im Monat ab 13 Uhr (außer im Januar und Februar) Gartenstunden und Hofführungen statt (genaue Termine auch auf der Webseite). Spezielle Angebote für Kinder: Kind–Tier–Kontakt, jeden Montag von 12 bis 16.30 Uhr, Donnerstag und Samstag nach Absprache. Außerdem organisiert der Hummelhof Kindergeburtstage nach vorheriger telefonischer Absprache. Der Hofladen des Hummelhofs ist jeden Freitag (außer feiertags) von 14 bis 18 Uhr geöffnet.

Alpinmuseum Kempten: Landwehrstraße 4, 87439 Kempten, Telefon 0831/2525-740, www.museen-kempten.de.
Geöffnet vom 1. März bis zum 13. November Dienstag bis Sonntag von 10 bis 16 Uhr. Führung durch das Alpinmuseum jeden Samstag 14 Uhr. Detaillierte Informationen zu verschiedenen Führungen und Buchungen unter Telefon 0831/2525-369.

Archäologischer Park Cambodunum (APC): Cambodunumweg 3 (Haupteingang), 87437 Kempten, Telefon 0831/79731, www.museen-kempten.de. Geöffnet vom 1. März bis zum 30. November Dienstag bis Sonntag von 10 bis 17 Uhr. Info und Führungsbuchungen unter Telefon 0831/2525-369.

Schauraum Erasmuskapelle: St.-Mang-Platz, 87439 Kempten, Telefon 0831/960-2202. Täglich außer Mittwoch von 11 bis 17 Uhr geöffnet, Einlass immer zur vollen Stunde.

Wo der Himmel
die Hölle trifft

Im säkularisierten Kloster Irsee entstand die erste moderne Anstalt für geistig Behinderte – die Nazis machten daraus eine Tötungsmaschinerie.

Wer ins Himmelreich blicken will, der muss erst mal durch die Höll. So ist das auf jeden Fall in Irsee im Allgäu bei Kaufbeuren. Höll nennen die Dorfbewohner dort die finsteren Wälder um ihr Kloster. Jeder Pilger, der sich durchs dunkle Unterholz kämpft, muss das Gefühl haben, gleich einen Gruß an den Herrgott selbst richten zu können, wenn er den Blick hebt zum lichtdurchfluteten Treppenhaus von Kloster Irsee: Von der Decke grüßen aus dem Westen die christlichen Tugenden, im Süden stürzt Luzifer gerade in den Abgrund, der griechische Gott der Zeit, Chronos, hebt wissend die Sense.

Im 18. Jahrhundert war Kloster Irsee für seine Musik bekannt. Jetzt ist es ein Tagungs- und Kulturzentrum

Zu ihm blickten die Mönche auf, die bis 1802 in Kloster Irsee Gott und die Welt studierten. Durch das prunkvolle Treppenhaus gellten aber auch die Hungerschreie von psychisch Kranken, die von den Nazis ermordet wurden. Heute ist das Kloster ein Tagungs-, Bildungs- und Kulturzentrum. Leiter Stefan Raueiser will das dunkle Kapitel des Klosters während der Nazizeit nicht verschweigen, beginnen möchte er aber doch lieber mit der Musik.

In seinem Büro steht ein Cembalo, darauf vergilbte Notenblätter. Kloster Irsee galt im 18. Jahrhundert als ein Zentrum für Musik und Naturwissenschaft weit über die Grenzen von Schwaben hinaus. Ohne mindestens zwei Instrumente spielen zu können oder wenigstens eine sehr schöne Stimme zu haben, musste sich keiner bemühen, in das Benediktinerkloster aufgenommen zu werden. Es gab mehr Violinen, Pauken und Trompeten als Mönche. Der Subprior Mainrad Spieß war ein „richtiger hidden champion", sagt Raueiser. Als armer Metzgerssohn von den Mönchen gefördert, wurde er am Münchner Hof zum Komponisten ausgebildet. Er war Brieffreund von Johann Sebastian Bach und verfasste eine Kompositionslehre, mit der auch Anton Bruckner studierte. Von seinen Orchestermessen, Requiems und Litaneien waren einige achtstimmig, auch wenn es manchmal nur sechs Mönche im Kloster gab. „Da muss der heilige Geist mitgesungen haben", sagt Raueiser. Vom Geist waren die Mönche eh beseelt, und zwar von dem der Aufklärung, die eher weniger verbreitet war in süddeutschen Klöstern der damaligen Zeit. Doch in Irsee waren die Naturwissenschaften fast ebenso wichtig wie die Theologie. In ganz Europa wurden die Mönche gerne als Lehrer empfangen.

Im Jahre 1802 aber wurde die Bibliothek versiegelt, das Kloster vom Königreich Bay-

Das lichtdurchflutete, barocke Treppenhaus wurde von den Einwohnern das Irseer Himmelreich genannt.

ern im Zuge der Säkularisation beschlagnahmt. Die Dorfbewohner strichen nun das zweite „r" aus dem Ortsnamen „Irrsee", denn das alte Kloster wurde zu einer modernen „Irrenanstalt" umgestaltet, wie es sie in Bayern so kaum gab. Früher wurden psychisch Kranke in Gefängnissen weggesperrt. In Irsee konnten sie sich frei bewegen. Mit einer Arbeitstherapie sollte der Unordnung im Kopf eine äußere Ordnung entgegengestellt werden. Bis zu 300 Patienten halfen im Garten, hackten Holz und rupften das Federvieh. Sie galten als unheilbar. In der NS-Zeit wurde daraus „unwert".

Raueiser blättert nun in einem dicken Buch, in dem die Todesfälle in Irsee aufgelistet wurden. Pro Jahr füllen die Namen etwa eine Seite. Dann kommt er zum Jahr 1944. Er blättert und blättert – insgesamt fast zwölf Seiten mit den Namen der Ermordeten aus nur einem Jahr. Insgesamt wurden unter den Nazis zwölfhundert Patienten in Irsee getötet. Einer von ihnen war Ernst Lossa, über den es mittlerweile auch ein Buch und einen Film gibt. Ein kleiner Junge aus Augsburg, aufmüpfig, unangepasst – heute würde man wohl sagen, er hatte ADHS. In der Nazizeit betitelte ihn ein psychiatrisches Gutachten als einen „triebhaften Psychopathen". Ein „unnützer Esser", „unwertes Leben", das 1944 in Irsee mit einer Giftspritze ausgelöscht wurde. Die Nazis begründeten das nicht nur mit ihrer mörderischen Rassenideologie, sondern auch mit ökonomischen Überlegungen. Sie brauchten Platz in den Krankenhäusern für Kriegsverletzte, rechneten hoch, wie viel psychisch Kranke den Staat jährlich kosteten. Insgesamt mehr als 70 000 Männer, Frauen und Kinder wurden zwischen 1939 und 1941 in sechs Tötungsanstalten vergast. Auch von Irsee und Kaufbeuren wurden fast 650 Pati-

Auf dem Seziertisch der Prosektur des Klosters entnahmen die Nazis in den 1940er-Jahren Toten Organe zu Forschungszwecken.

enten in den Tod geschickt. Als die Busse zurückkamen, lagen in ihnen nur noch blutige, nach Gas riechende Klamotten. Da der Protest in der Bevölkerung stieg, stoppte Hitler die Todestransporte. Das Morden aber ging weiter. Der Leiter der Pflegeanstalt, Valentin Faltlhauser, entwickelte eine vitamin- und fettlose „Hungerkost", an der die Patienten nach spätestens sechs Wochen starben. „Die Kranken haben förmlich nach Brot geschrien, wenn man durch die Zimmer und Säle ging", erinnerte sich eine Schwester. Andere bekamen wie Ernst Lossa eine Giftspritze. Die Tötungsmaschinerie in Irsee war im Dorf bekannt, sagt Raueiser. Der Pfarrer wohnte direkt gegenüber, alle hörten sie die Todesglocken bei den unzähligen Begräbnissen läuten. Die Aufarbeitung nach 1945 sei allerdings „ausgesprochen schwierig" gewesen. Anstaltsleiter Faltlhauser wurde zwar zu drei Jahren Freiheitsstrafe verurteilt, wegen Haftunfähigkeit schob man die Vollstreckung auf, 1954 wurde er begnadigt. In der Psychiatrie arbeiteten bis zu ihrer Schließung 1972 dieselben Schwestern, die 1944 dem Morden zusahen. Das Vergessen hatte erst ein Ende, als Michael Cranach Anfang der 1980er-Jahre Leiter der Pflegeanstalt Kaufbeuren/Irsee wurde und sich ausgiebig mit der Aufarbeitung der Verbrechen befasste. Ihm ist es zu verdanken, dass in Irsee eine der ersten Gedenkstätten an die Euthanasieopfer der Nazizeit erinnert.

Stefan Raueiser läuft über die grüne Wiese des Klosterfriedhofs. Hinter ihm ragen die zwei hohen, weißen Türme der Klosterkirche auf, vor ihm steht auf einem Gedenkstein: „Lass mich dein Leid singen". Es ist das Kirchenlied, das die Patienten in Irsee sangen, wenn sie in die Todestransporte stiegen.

Lisa Schnell

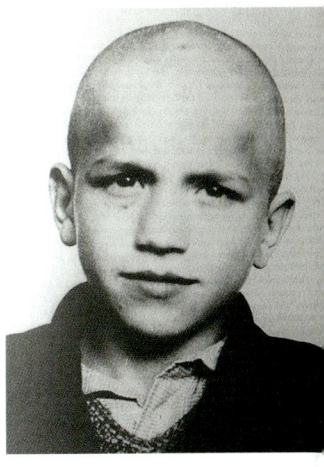

Wie 1200 andere Opfer wurde Ernst Lossa von den Nazis getötet. Lossa starb durch eine Giftspritze.

Für den Tipp bedanken wir uns bei Roland Götz aus Augsburg.

Die Insel der Sudeten

Im Allgäu bauten Vertriebene aus dem tschechischen Gablonz ihre Schmuck- und Glasindustrie neu auf.

Manche Erinnerungen bleiben Gertrud Hofmann bis heute. Die Obstbäume auf der großen Wiese im Garten ihrer Großeltern und der Duft der Schneeglöckchen im Frühjahr. Sechs Jahre war sie alt, als sie ihn zum letzten Mal in der Nase hatte. Das war im Frühjahr 1946. Dann musste sie ihre Heimat von einem Tag auf den anderen verlassen.

Hofmann wurde in Gablonz im heutigen Tschechien geboren. Wie fast überall in den Grenzgebieten zwischen Tschechien und Deutschland wurde dort überwiegend deutsch gesprochen. Bis die Gegend 1945 wieder der Tschechoslowakei zugesprochen wurde. Die etwa drei Millionen deutschsprachigen Einwohner wurden vertrieben. Mit Hofmann verließen etwa 80 000 Einwohner Gablonz. Bewusst verstreuten sie die Alliierten in ganz Deutschland. Die Gablonzer waren berühmt für ihren Glasschmuck, den sie in die ganze Welt exportierten. Doch wer Werkzeug oder Rezepte mitnahm, dem drohte die Todesstrafe. „Diese Industrie sollte nicht mehr in deutscher Hand entstehen", sagt der Historiker Manfred Heerdegen.

Doch an den Ohren von Hofmann baumeln türkise, fein geschliffene Glassteine – Gablonzer Glas. Der Schmuck, für den ihre Heimat berühmt war, wird in ihrem heutigen Zuhause hergestellt: Kaufbeuren. Dort bauten die Vertriebenen aus Gablonz ihre Schmuckindustrie neu auf. Eine sudetendeutsche Insel im Allgäu. Es ist die größte Vertriebenensiedlung Deutschlands.

Eva Haupt leitet das Isergebirgs Museum in Kaufbeuren, das die Glaskunst der Gablonzer zeigt.

15

Wie diese Familie lebten auch die Hofmanns auf engstem Raum im Vertriebenenlager in Kaufbeuren.

Der Weg dorthin war schwer. Auch das sind Erinnerungen, die Hofmann nicht vergisst. Wie sie nichts mehr hatte als einen kleinen Pappmaché-Koffer. Wie sie sich freute, dass ihr Viehwaggon ein Dach hatte, das die Zusammengedrängten auf der langen Fahrt vor Regen schützte. Sie erinnert sich an den Hunger, als sie fast nichts aß außer Steckrüben. Und dann Kaufbeuren: Über das Rote Kreuz hatte die Mutter erfahren, dass ihre Tante dort hingebracht worden war. Auch der lange vermisste Vater wollte kommen. Er wog nur noch vierzig Kilo, als Gertrud Hofmann ihn in die Arme schloss. Bald sollte er wieder Glas drücken, wie früher in seiner Heimat. Dank Erich Huschka – einem Vertriebenen aus Gablonz mit der Mission, die Glasindustrie in Kaufbeuren neu aufzubauen. Überall in Deutschland suchte er mit Flugblättern nach den Gablonzern. Etwa zwanzigtausend kamen. Es entstand eine Stadt in der Stadt. Die Straßen benannten die Vertriebenen genauso wie in ihrer Heimat. Heute hat Neugablonz dreizehntausend Einwohner. Immer noch gibt es beim Bäcker „Butterwischl". Statt Dillsauce sagen die Leute „Dilldunge". Mittlerweile rümpfen die Kaufbeurer auch nicht mehr die Nase, wenn sie das hören. Immerhin hat die Glasindustrie zeitweise fünfzig Prozent der Gewerbeeinnahmen eingebracht. Dreimal war Hofmann noch in ihrem alten Dorf. „Das ist meine Heimat, zu Hause bin ich aber in Kaufbeuren", sagt sie. *Lisa Schnell*

Heute gibt es in Neugablonz eine große Glasindustrie. Walter Prediger stellt Schneekugeln her.

Hof der Hoffnung

Der Crescentia-Weg von Irsee nach Kaufbeuren führt vorbei am Sitz einer frommen Lebensgemeinschaft.

Am Beginn des Pilgerwegs, nur ein paar Minuten von Kloster Irsee entfernt, steht – wie sollte es anders sein – ein riesiges Kreuz. Es ist bunt bemalt und zeigt die Heilige Crescentia von Kaufbeuren. Etliche haben in der 1682 geborenen Webersttochter und späteren Oberin des Franziskanerklosters in Kaufbeuren eine Trösterin und Seelenführerin gefunden. Als solche soll sie auch für die Jugendlichen vom „Hof der Hoffnung" dienen, an dessen Eingangspforte das Kreuz steht. Vor dem alten Abtshaus grasen Schafe und Karnickel, zwei Enten watscheln vorbei. Gegenüber laden zwei Jugendliche Holzlatten in eine Schubkarre, vor dem Hofcafé kratzt Andris mit einer Spachtel Unkraut aus dem Kies. Er ist 28 Jahre alt, kommt aus Lettland und studiert eigentlich Theologie. Seit drei Monaten wohnt er auf dem Hof der Hoffnung. Der heißt auf Spanisch Fazenda da Esperança – eine Lebensgemeinschaft, die sich vor 25 Jahren in Brasilien zusammenfand und die Drogensüchtigen und benachteiligten Jugendlichen durch die Worte Gottes helfen will. Insgesamt soll es über neunzig solcher Höfe auf der Welt geben.

Andris hat kein Drogenproblem, sagt er, er wollte einfach nur wissen, wie das so ist, „das einfache Leben". Um sechs in der Früh aufstehen, keine Ablenkung, nur Holzhacken, Unkrautjäten und natürlich Beten. Jeder Tag steht unter einem Motto. „Was war das noch mal heute?", überlegt Andris laut. „Ah ja, Gutes tun." Gleich bietet er einen Kaffee an, obwohl das Hofcafé eigentlich nur sonntags geöffnet

Die Franziskanerschwester Crescentia Höß wurde 2001 heiliggesprochen. Sie galt als gute Trösterin.

ist. So eine Stärkung ist nie verkehrt, auch wenn der Wanderweg nur etwa eineinhalb Stunden dauert und die kleinen Anhöhen, über die er führt, auch ohne Kuchen im Bauch mühelos zu bewältigen sind.

Es geht durch grüne Wiesen, in die der Sommer gelbe, blaue und lila Tupfer gemalt hat. Kühe wedeln in der Hitze die Fliegen von ihrem Hinterteil. Von irgendwo aus der Ferne tönt ein leises Motorrattern. Bestimmt ein Traktor. Weit gefehlt. Die Auflösung kommt im Waldstück. Die Vögel zwitschern, der Schatten der Bäume kühlt, nur: Der Weg ist nicht mehr da. Die Füße stecken in einer Matschspur, die bei einem Forstfahrzeug endet, das gerade Bäume durch die Luft wuchtet. „Ich hab mich wohl verlaufen?", fragt der verwunderte Wanderer den Forstarbeiter. „Nein, nein, einfach durch", sagt der und zeigt an seinem Gefährt vorbei durchs Gestrüpp die Matschspur entlang. Für Verwunderung sorgt auch die nächste Brücke. Zwar gurgelt unter ihr ein romantisches Bächlein hindurch, sie selbst besteht aber aus Baugerüststangen. Dem Naturgenuss tut das aber keinen Abbruch. Schade, dass der am letzten Stück des Weges einer Straße weicht, die nach Kaufbeuren führt. Die Autoabgase kriegt man aber gleich wieder aus der Nase, wenn man diese in eine der vielen Rosen steckt, die im Klostergarten am Ende der Wanderung blühen. *Lisa Schnell*

Nach Crescentia ist ein Pilgerweg benannt. Er ist 90 Kilometer lang und soll zur inneren Einkehr führen.

Dass es auch in Bickenried einen Hof der Hoffnung gibt, ist vor allem Pater Paul Stapel zu verdanken.

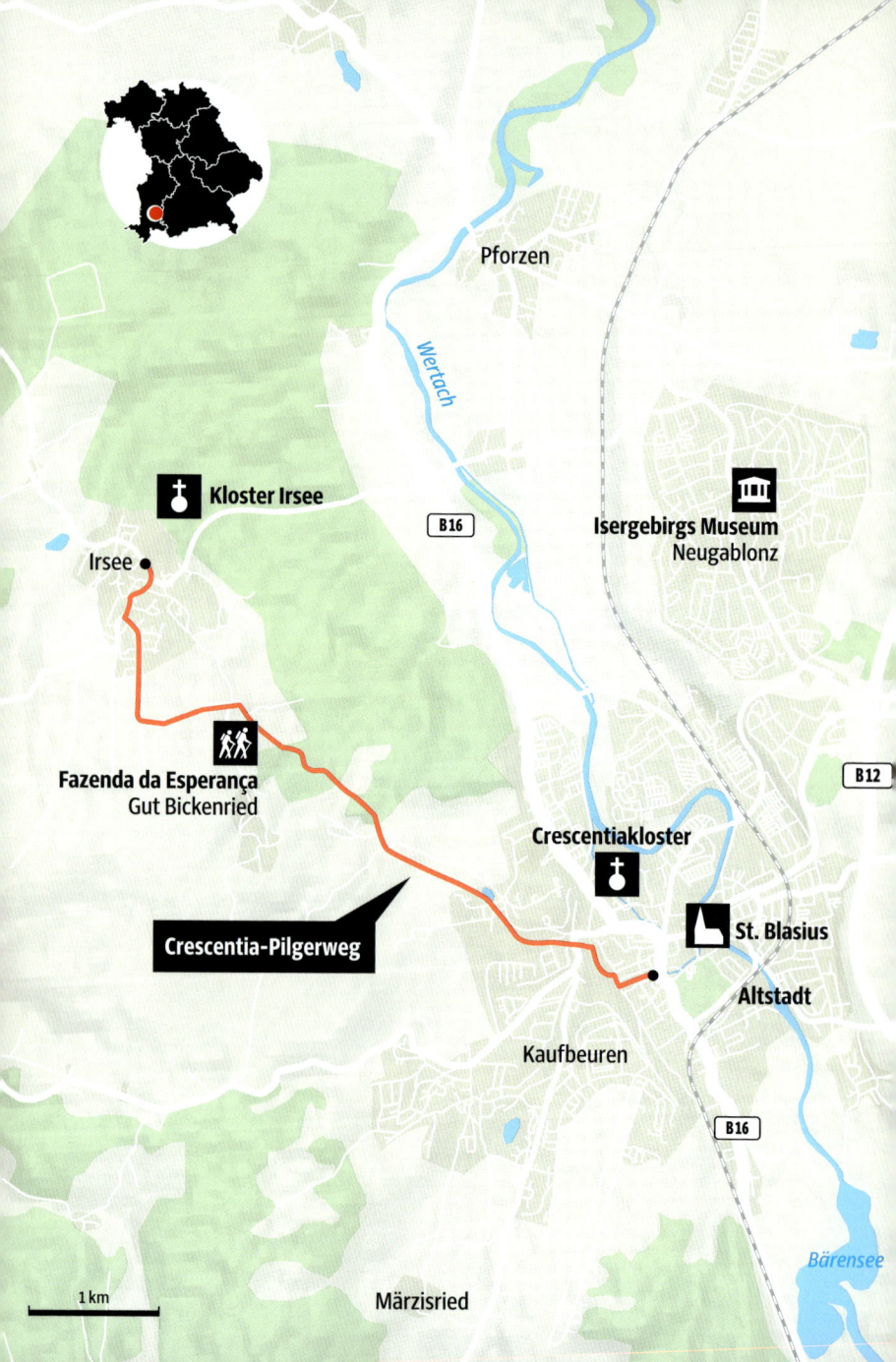

Pforzen

Wertach

Kloster Irsee

Irsee

B16

Isergebirgs Museum
Neugablonz

Fazenda da Esperança
Gut Bickenried

Crescentiakloster

B12

Crescentia-Pilgerweg

St. Blasius

Altstadt

Kaufbeuren

B16

Bärensee

1 km

Märzisried

Infoservice

Kloster Irsee: Schwäbisches Tagungs- und Bildungszentrum, Klosterring 4, 87660 Irsee, Telefon 08341/906-00, www.kloster-irsee.de. Die Klosterkirche ist jederzeit frei zugänglich, das Kloster ist nur mit Führung zu besichtigen. Führungen können unter der obigen Telefonnummer zwei Tage vorher gebucht werden. Kirchenführungen über das Katholische Pfarramt, Telefon 08341/2880, buchen und im Kloster anmelden.

Isergebirgs Museum Neugablonz: Bürgerplatz 1 (Gablonzer Haus), 87600 Kaufbeuren-Neugablonz, Telefon 08341/965018, www.isergebirgs-museum.de. Geöffnet Dienstag bis Sonntag von 14 bis 17 Uhr. Wechselnde Ausstellungen, Gruppenführungen nach Anmeldung, museumspädagogische Angebote.

Fazenda da Esperança – Hof der Hoffnung: Bickenried 2, 87660 Irsee, Telefon 08341/9956260, www.fazenda.de. Nach vorheriger Anmeldung sind Besuche von interessierten Einzelpersonen, Gruppen, Schulklassen oder Praktikanten jederzeit willkommen.

Crescentia-Pilgerweg: Auskünfte über Touristeninformation, Kaiser-Max-Straße 3a, 87600 Kaufbeuren, Telefon 08341/437-850, www.kaufbeuren-tourismus.de. Der Pilgerweg führt auf 90 Kilometern durch die hügelige Voralpenlandschaft des Ost- und Unterallgäus. Als Rundweg verbindet er Kaufbeuren mit Irsee, Mindelheim und Ottobeuren – Orte, die im Leben der Heiligen Crescentia von Kaufbeuren (1682 bis 1744) eine wichtige Rolle gespielt haben.

Grandios: Blick auf den Hohen Göll vom Kehlsteinhaus aus, einem ehemaligen Repräsentationsbau der Nazis.

Oberbayern

Naturbursche, Künstler und Kunstobjekt

Drechseln ist für Franz Keilhofer kein verstaubtes Handwerk, sondern Passion.

V on der Brust des Rothaarigen starrt eine Eule mit grünen Augen. Der Vogel aus Tätowiertinte bewacht einen Baum, der sich von Franz Keilhofers Bauchnabel bis zur Brust hinauf rankt. Holz. Leben. Franz Keilhofers Leben. Wenn er sich an seine Drechselmaschine setzt, den Oberkörper bedeckt mit einem T-Shirt, wenn er mit Meißel und Dreheisen hineinfährt in das frische Holz, dann gibt es für ihn nur noch dieses Stück Baum. „Ich schau nicht links, nicht rechts, fühle mich verpflichtet, es perfekt zu

Gesamtkunstwerk: Franz Keilhofer und seine Freundin Nadine Schachinger vor alpiner Kulisse.

machen, da bin ich sehr emotional", sagt er. „Im nächsten Leben werde ich wahrscheinlich als Holz geboren."

Keilhofer, Jahrgang 1987, ist Bischofswiesener, ein Naturbursche, der auf dem Hof der Eltern mitarbeitet, im Wald Holz macht und bei der Ernte hilft. Einerseits. Andererseits ist er Künstler – sowohl an den Holzschalen und Kugeln, die er seit sieben Jahren drechselt, als auch an sich selbst. Tattoos mit dicken schwarzen Linien im Old-School-Stil der Seefahrer bedecken seine Brust, ziehen sich über Oberarme, Schenkel, Waden und Rücken. Jedes Jahr lässt er sich einen neuen Themenkomplex stechen. Eine Sucht? „Das Stechen ist schon eher unangenehm", sagt Keilhofer. Aber das Ergebnis zählt.

Da ist zum Beispiel der rechte Arm: ein Herz, angetrieben von Zahnrädern und Riemen. Oben heraus wächst ein Grammofon. Es ist sein Musik-Arm. Denn Keilhofer hat eine Band: „Wir machen Hardcore, aber da denken die Leute meist an Pornos." Also sagt er besser: „Schreimusik, Punkrock, so was." Die linke Wade ist der Wissenschaft gewidmet, „Wissen ist Macht", steht dort. Keilhofer, der sich in der Schule mit Mathe zunächst schwertat, sich aber voller Neugier und Be-

Das Drechseln hat Franz Keilhofer sich selbst beigebracht, mit Hilfe von Youtube-Videos.

Nadine Schachinger ist Illustratorin und Fotografin und liebt Tattoos genauso wie ihr Freund.

Harte Hölzer, die sich blank polieren lassen wie Metall, sind der liebste Werkstoff des Drechslers.

geisterung hineinwühlte, gibt mehr als zwei Dutzend Schülern Nachhilfe. „Ich verstehe, warum man Mathe nicht durchdringt, das hilft." Die Stunden ermöglichen ihm, sich beim Drechseln auf das zu konzentrieren, was ihm gefällt: harte Hölzer, die sich nach dem Trocknen blank polieren lassen wie Metall. Schalen aus frischem Holz, die beim Trocknen die Form verändern, oder Hölzer, in deren Maserungen man Linien oder Pünktchen von Pilzen erkennt.

Das Drechseln hat in der Gegend um Berchtesgaden seit dreihundert Jahren Tradition – aber irgendwie auch etwas Angestaubtes. Junge Leute wollen es nur selten lernen. Auf Youtube schaute Franz Keilhofer sich die Technik an – und kaufte dann, ohne jemals eine benutzt zu haben, für dreitausend Euro eine Drechselausstattung. „Ich wusste, es wird top oder Flop, war das also mutig oder blöd?" Im Nachhinein richtig. Keilhofer brach sein Studium ab, machte sich selbständig und hat inzwischen Verträge mit Ludwig Beck in München und Onlinehändlern. Das alpine Modelabel Luis Trenker hat ihn als Kampagnenmodel gebucht: Tattoo trifft Trachtenjanker.

Seine Freundin Nadine Schachinger hat sich längst dran gewöhnt, dass der Franz jeden Tag viele Stunden in der Werkstatt verschwindet, harte Rockmusik oder „Die Drei ???" einlegt, um sich dann Buche, Ahorn, Zirbelkiefer und Robinie zuzuwenden. „Da öffnest du irgendwann die Tür und siehst den Franz in einem Meer von Spänen", sagt sie. Die Österreicherin, Jahrgang 1989, arbeitet selbständig als Illustratorin, Fotografin und Designerin und arbeitet auf Drechslermessen oft mit ihrem Freund zusammen: er als Model, sie als Fotografin. Dabei hat sie genauso viele Tätowierungen wie er, allerdings im re-

alistischen Stil fast ohne Linien. Über ihren Rücken zieht sich ein Bild des indischen Elefantengottes Ganesha, ihre Arme hat sie dem Heim- und dem Fernweh gewidmet.

2013 ist sie zu Keilhofer in das Haus hinter dem Kuhstall gezogen, wo Touristen stehenbleiben, um Fotos vom Alpenpanorama zu schießen. „Wir arbeiten daran, den Franz als Marke zu etablieren", sagt Schachinger. „Die Schalen sind ein Produkt aus dem, was ich bin", sagt Franz Keilhofer. „Ich möchte, dass die Leute das so sehen: nicht nur Holz, sondern eine Person dahinter, die kein langweiliger Opa ist." Apropos Großeltern: Franz Keilhofers Oma haderte anfangs mit den Körpergemälden ihres Enkels – bis er sich die „Oma-Nähmaschine" in den Oberschenkel stechen ließ. Sein Vater, mit dem er oft im Wald das Holz holt, ist selbst auf den Geschmack gekommen: Er hat sich vor drei Jahren sein erstes Tattoo stechen lassen, inzwischen sind es sogar deren zwei. Es bleibt ja in der Familie. *Sarah Kanning*

„Im nächsten Leben werde ich wahrscheinlich als Holz geboren", glaubt Franz Keilhofer.

Für den Tipp bedanken wir uns bei Barbara Keilhofer aus Bischofswiesen

Schnapseln mit Hubsi

Hubert Ilsanker ist Bergbrenner und produziert Hochprozentiges.

Lange bevor man die schindelgedeckte Hütte sieht, zieht einem ein zarter Kräuterduft in die Nase. Hubert Ilsanker brennt Meisterwurz. Seit sechs Uhr früh ist „der Hubsi" auf den Beinen, hat Feuer gemacht und die Destillation von kleingehackten Meisterwurzwurzeln und hochprozentigem Alkohol begonnen, die eine Nacht lang in der Brennblase geschwommen sind. Er hat gefrühstückt und im Brunnen die Schnapsflaschen für Wanderer bereitgestellt, die beim Aufstieg zu den Priesbergalmen oder nach getaner Arbeit beim Abstieg gerne auf 1352 Metern eine kleine Pause machen. Jetzt kann er selbst eine Weißwurstpause einlegen.

Hubert Ilsanker ist Wurzelgräber, Brenner, Instandhalter der Hütten und Musiker – ein Vollzeitjob.

Hubert, genannt Hubsi, Ilsanker ist Bergbrenner für die Enzianbrennerei Grassl aus Berchtesgaden. Neun Monate im Jahr verbringt er auf den fünf Brennhütten im Gebirge: am Priesberg, am Funtensee, der höchstgelegenen Enzianhütte auf 1601 Metern, wo nur alle fünf bis sieben Jahre der Funtensee-Enzian gebrannt wird, auf der Eckerleiten, die durch ihre Lage an der Roßfeld-Höhenringstraße auch im Frühjahr und Herbst zu erreichen ist, auf der Wasseralm und auf der Kallbrunnalm. „Brennen ist keine Hexerei", sagt Hubert Ilsanker. Aber Wurzelgräber, Brenner, Zimmerer, Instandhalter der Hütten, Musiker und Buchautor in einem zu sein, das ist dann doch ein Vollzeitjob. Schon klingelt wieder der Summer und Hubert Ilsanker wetzt in seinen Brennraum, die Milchkanne ist mit Meisterwurz vollgelaufen. Der kommt

*Die Arbeit mit Enzi-
anwurzeln ist müh-
sam. Hat es geregnet,
kleben sie geradezu im
Boden fest.*

jetzt in Tongefäße und muss dann ein halbes
Jahr ruhen. „Und dann mach ma an scheena
Alpen-Gin draus", sagt der Hubsi und lacht.
Seit mehr als einem Vierteljahrhundert ist
Hubert Ilsanker Bergbrenner für Grassl, als
er anfing, war er gerade zwanzig. Ein echter
Bergbub, der wie der Teufel auf Skiern den
Berg hinuntersauste, auf alle Wald- und Mai-
bäume hinaufkletterte und schon als 15-Jäh-
riger seinem Vorgänger beim Wurzelgraben
half. Enzianschnaps wird nicht aus den Blüten gebrannt, wie er Touristen oft erklären
muss, sondern aus den Wurzeln. Die sind
zwar geschützt wie die ganze Pflanze, aber als
älteste Enzianbrennerei Deutschlands darf
Grassl seit 1602 im Nationalpark Berchtesgaden danach graben.

Die Arbeit ist mühsam und dreckig. Hat es
vorher geregnet, kleben die bis zu einen Meter langen Wurzeln geradezu im Boden fest.
Inzwischen wird die Pflanze auch angebaut
und in der Brennerei Grassl im Tal vermaischt
und gebrannt – die Besucher können zuschauen und später kosten. Fertig ist der Enzianschnaps aber erst, nachdem er noch viele
Jahre in den Kellern unter Berchtesgaden
nachreifen durfte. Inzwischen tragen Florian
Beierl und sein Bruder Martin die gesamte
Verantwortung für die Brennerei. Deren Vater
hatte nach dem Zweiten Weltkrieg mit dem
Schwiegersohn des letzten Grassl-Namens-
trägers, Sylvester, das Unternehmen wieder
flottgemacht. Er war es auch, der Hubert Ilsanker auf den Berg holte.   *Sarah Kanning*

*Spezialitäten aus dem
Gebirge: Die Brenne-
rei Grassl ist die äl-
teste Enzianbrennerei
Deutschlands.*

Berge, Salz und Seen

Starke Kontraste – herrliche Natur, ein Erlebnisbergwerk und ein NS-Dokumentationszentrum.

Der Berchtesgadener Talkessel lockt mit wunderschöner Landschaft und beeindruckenden Aussichten im einzigen Nationalpark in den deutschen Alpen. Grün leuchtet der Königssee, wenn vom frühen Morgen an Elektroboote Wanderer und Touristen lautlos von der Anlegestelle Seelände nach St. Bartholomä und Salet übersetzen. Paddelboote, Schlauchboote, Kanus sind auf dem Königssee nicht erlaubt, dafür haben ihn die Ausflügler am frühen Morgen ganz für sich, wenn sie an der Statue des heiligen Johannes von Nepomuk und der Echowand vorbeischippern. Hier ist das Echoblasen seit hundert Jahren Tradition – angeblich müssen Bootsmitarbeiter, die aus dem Flügelhorn keinen Ton herausbekommen, das Instrument extra erlernen, um Touristen den Echoeffekt vorzuführen. Aus der Wand heraus blies in den 1970er-Jahren eine Gruppe Berchtesgadener Spitzbuben ein falsches Echo zurück zu den verdutzten Fahrgästen. Über den Streich berichteten selbst Zeitungen in Russland und Kanada. Von Salet führt ein Wanderweg in etwa 45 Minuten zur Fischunkelalm am Obersee. Mit Blick auf fjordartig aufsteigende Felswände am Seeufer, deren Spiegelungen im Wasser einen schwindelig werden lassen, kann man Käsebrot und Buttermilch von der Alm genießen oder weitersteigen zum Röthbachfall, Deutschlands höchstem Wasserfall (470 Meter).

Reichtum brachte bereits im Mittelalter der Salzabbau in die Region. Im Jahr 1817 wurde die 29 Kilometer lange Soleleitung vom Salzbergwerk Berchtesgaden nach Bad

Das Salzbergwerk in Berchtesgaden ist seit 1517 in Betrieb und damit das älteste aktive Salzbergwerk Deutschlands.

16

Idyllischer geht es kaum: Im Obersee spiegelt sich die ganze Schönheit des Berchtesgadener Landes.

Reichenhall in Betrieb gesetzt. Für 8,4 Millionen Euro verwandelte die Südsalz AG vor einigen Jahren ihr bis dahin beschauliches Erlebnismuseum in Berchtesgaden in eine moderne Zeitreise mit eigener Lasershow.

Über dem Salzstock thront der Obersalzberg, ein tausend Meter hoher Bergrücken, der sich zum Kehlstein (1834 Meter) und Hohen Göll (2522 Meter) hin erhebt. Hier liegt die Dokumentation Obersalzburg, ein Lern- und Erinnerungsort zur Auseinandersetzung mit dem Nationalsozialismus. Die Dokumentation arbeitet auf, dass der Obersalzberg von 1923 an Adolf Hitlers Feriendomizil war und nach 1933 zum zweiten Regierungssitz neben Berlin ausgebaut wurde. Der Haushaltsausschuss des Bayerischen Landtags hat im Juli 2016 einen Erweiterungsbau für das NS-Dokumentationszentrum Obersalzberg genehmigt. Damit soll die Dokumentation umfassend modernisiert werden. Mit einem Bus können Interessierte auf den Obersalzberg hinauf zum Kehlsteinhaus *Eagle's Nest* fahren, das den Nationalsozialisten zur Repräsentation diente. Von dort überblickt man das einstige Sperrgebiet. *Sarah Kanning*

Der unterirdische Salzsee im Bergwerk Berchtesgaden ist ein Highlight für Besucher unter Tage.

Bischofswiesen

**Salzbergwerk
Berchtesgaden**

**Dokumentation
Obersalzberg**

Berchtesgaden

Kehlsteinhaus

Seelände

DEUTSCHLAND

ÖSTERREICH

Priesbergalm

Königssee

Sankt Bartholomä

Salet

Obersee

Fischunkelalm
und Wasserfälle

2 km

Infoservice

Franz Josef Keilhofer: Aschauerweiherstraße 53, 83483 Bischofswiesen, Telefon 0151/42430721, www.gingerwood.de.

Enzianbrennerei Grassl: Salzburger Straße 105, 83471 Berchtesgaden, Telefon 08652/95360, www.grassl.com. Die Brennerei kann besichtigt werden und ist von Mai bis Oktober Montag bis Freitag von 9 bis 18 Uhr und am Samstag von 9 bis 16 Uhr geöffnet; von November bis April Montag bis Freitag von 9 bis 17 Uhr, am Samstag 9 bis 12 Uhr.
Die Brennhütte am Priesberg liegt auf 1352 Metern und ist zu Fuß vom Parkplatz Hinterbrand aus in circa einer Stunde zu erreichen. Der Bergbrenner Hubert Ilsanker arbeitet von Juni bis Oktober in der Regel von Montag bis Freitag in der Brennhütte.

Salzbergwerk Berchtesgaden: Salzburger Straße 24, 83471 Berchtesgaden, Telefon 08652/6002-0, www.salzbergwerk.de.
Geöffnet vom 1. Mai bis 31. Oktober täglich von 9 bis 17 Uhr (Beginn der letzten Führung), Führungen alle 10 bis 15 Minuten. Vom 2. November bis 30. April von 11 bis 15 Uhr geöffnet, Führungen etwa alle 25 Minuten.

Dokumentation Obersalzberg: Salzbergstraße 41, 83471 Berchtesgaden, Telefon 08652/947960, www.obersalzberg.de. Geöffnet ganzjährig Montag bis Sonntag von 9 bis 17 Uhr, letzter Einlass 16 Uhr. Weitere Informationen auch unter www.ifz-muenchen.de.

Bayerns skurrilste Kuhweide

Der Schacky-Park in Dießen war völlig verwildert, bevor ein Förderverein wieder einen englischen Landschaftsgarten daraus machte.

Über die Landstraße braust der Verkehr, gegenüber der Tankstelle am Ortsrand von Dießen hängt ein schmuckloses Holztor. Dahinter liegt eine Oase. Knorrige Apfelbäume wachsen auf hügeligen Wiesen, Schmetterlinge taumeln durch die Luft. Unter den Bäumen fliegen Bienen um ihre Kästen, im Gras zirpen Grillen. Die Zeit scheint still zu stehen. Oben auf dem Hügel steht der Monopteros, stellt man sich auf die Zehenspitzen, ist der Ammersee zu sehen.

Vorbild des Landschaftsparks ist Münchens Englischer Garten, viele Bäume sind weit mehr als 100 Jahre alt.

„Zuletzt war das hier die wohl kurioseste Kuhweide Bayerns", sagt Christine Reichert. Sogar durch den Monopteros seien die Kühe gelaufen. Jahrzehntelang nutzten die Barmherzigen Schwestern vom Heiligen Vinzenz von Paul den Schacky-Park für die Landwirtschaft, Brunnen und Statuen verfielen. „Die Kühe haben den Park vor der Verwilderung geschützt", sagt die Vorsitzende des Förderkreises Schacky-Park. Irgendwie müsse man dankbar sein, das Ensemble wurde 1992 unter Denkmalschutz gestellt. Dort wo keine Kühe grasten, breitete sich die Natur aus.

Vom Monopteros, dem höchsten Punkt des Parks, läuft Reichert trittsicher über einen schmalen Pfad in den Wald. Es geht ins Unterholz, ein Rinnsaal schlängelt sich an der tiefsten Stelle des Wäldchens, darüber steht eine kleine Brücke aus unbehauenem Holz. Wäre der Spaziergang Teil eines Disney-Films, würden gleich sieben Zwerge ums Eck biegen – „hei ho" singend. Hinter der Brücke führt der Pfad zum Teich, das Wasser riecht leicht modrig, Brennnesseln stehen mannshoch. „Beim ersten Gang durch den Park sind wir mit Macheten hier durch", erzählt Reichert. Im Dezember 2005 hatte die Gemeinde Dießen den Park an den neu gegründeten Förderkreis übergeben. 21 Mitglieder waren es damals, heute sind es etwa 500, davon achtzig aktive. Der Schacky-Park war stets in Privatbesitz, seit mehr als einem Jahrzehnt ist er offen. „Als Kinder schlichen wir uns heimlich rein", gesteht Christine Reichert. Umso größer war der Reiz, endlich alles zu sehen.

Ludwig Freiherr von Schacky auf Schönfeld, königlicher Kämmerer unter Prinzregent Luitpold von Bayern, kaufte 1903 am Südrand von Dießen mehrere Wiesen, um einen englischen Landschaftspark anzulegen. Auch wenn alle Pläne im Krieg verbrannten,

Der Monopteros ist das Herzstück des Parks. Ludwig von Schacky ließ den kleinen Tempel 1905 bauen.

*Dieser Brunnen
mit Flussgott heißt
„Neugierde", von dort
hat man den besten
Blick auf das Treiben
an der Straße.*

das Vorbild ist klar: In München lebte Schacky am südlichen Rand des Englischen Gartens in der Nähe der heutigen Staatskanzlei, der Monopteros lag in Spazierweite. Schacky baute 1905 seinen eigenen, kaufte 1908 die Villa Diana am Parkrand dazu. Er schuf sich auch einen asiatischen Teepavillon, den er als bayerisches Gartenhaus genehmigen ließ – und dann umplante. Wasserspiele mit Putti oder der Flussgott an der „Neugierde", einem repräsentativen Brunnen zum Sehen und Gesehen werden, sind dem Historismus zuzuordnen, gleichzeitig war Schacky hochmodern: Er ließ als einer der ersten den Park mit elektrischen Laternen beleuchten. Das Licht sahen Reisende schon von Andechs aus.

Der Freiherr starb 1913 mit 63 Jahren, seine Frau Julia beerdigte er drei Jahre vorher. Bis 1922 nutzte die Familienstiftung den Park, dann kaufte Georg Heim, Mitgründer der Bayerischen Volkspartei und Präsident der Landesbauernkammer, das Gelände. 1933 entzogen ihm die Nationalsozialisten alle Ämter, Heim verkaufte an den Orden. Seit 2004 nutzt der Dießener Reit- und Fahrverein neun Hektar des Parks, um den östlichen Teil mit geschützten, hundert Jahre alten Bäumen und Brunnen kümmert sich der Förderkreis.

Als er endlich in den Park durfte, suchte der Verein als erstes das Teehaus. Irgendwo im Dickicht sollte es liegen. Sie fanden es nicht. Der Wald war zu dicht, Wege gab es

*Begeistert von Ostasien
ließ Baron Schacky
sein Gartenhäuschen
als fernöstliches Teehaus gestalten.*

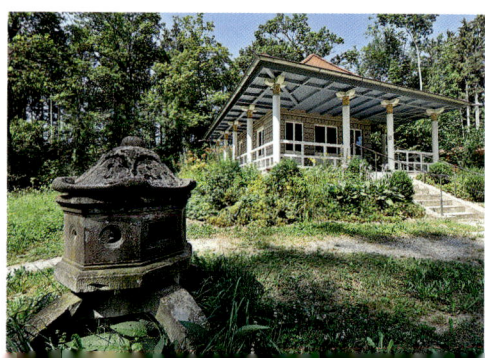

nicht mehr. „Wir waren anfangs von abenteuerlicher Naivität", gesteht Christine Reichert. Wie viel Arbeit es ist, den Park wieder auf Vordermann zu bringen, und wie viel Geld es verschlingt, hatten sie nicht geahnt. Enthusiastische Buddeleien des Anfangs mussten gestoppt und Ausgrabungen denkmalkonform aufgenommen werden. Der Baumeister Emil Schmitt kümmert sich auch mit Ende achtzig noch um die Rekonstruktion von Brunnen und Säulen, Manfred Erhardt betreut den Gartenbau.

Die Gemeinde Dießen übernimmt Pacht und Versicherung, die Mitglieder zahlen zwanzig Euro Beitrag im Jahr und sammeln Spenden. „Die Dießener sind großzügig und das Leader-Programm hilft sehr", sagt Reichert. Die EU fördert mit diesem Fonds die Entwicklung des ländlichen Raums. Der Förderverein muss große Projekte vorfinanzieren, bekommt aber die Hälfte zurück. Hundertzwanzigtausend Euro kostete beispielsweise die Sanierung des Teehauses, dazu kamen neuntausend ehrenamtliche Arbeitsstunden. Im Monopteros, der 2009 fertig saniert wurde, finden Matineen und Konzerte statt, im Teehaus stellen Künstler ihre Werke aus – zu Tee aus bayerischem und asiatischem Porzellan.   *Anna Günther*

Die Bäche des Parks stauen sich im Weiher, der früher Badesee, Wasserreservoir und Schlittschuhbahn war.

Wir bedanken uns bei Marie-Luise Dastis aus Dießen für den Tipp.

Netzwerker mit Tradition

Die Familie von Simon Rauch fischt seit 700 Jahren auf dem Ammersee.

Als Simon Rauch ein kleiner Bub war, wollte er Schauspieler werden. Keiner dieser Hollywoodmimen, ein Volksschauspieler wie Gustl Bayrhammer. Doch den Ammersee verlassen? Das kam für Rauch, den in Dießen viele nur „den Gaugg" nennen, nicht in Frage. Er wurde Fischer wie schon Generationen vor ihm. Seit 700 Jahren fischen die Rauchs auf dem See. Mit sechs Jahren fuhr er zum ersten Mal hinaus. Mehr als 65 Jahre ist das her und noch immer wirft Rauch seine Netze aus. Seine Hütte ist eine der ältesten am Ammersee, windschief, aber denkmalgeschützt steht sie nahe dem Anlegesteg in Dießen. Alte Netze hängen am schmalen Holzsteg, das Ganze erinnert an eine Filmkulisse. Die Touristen haben in der Regel keinen Blick dafür, sie warten meist wenige Meter daneben auf den Schaufelraddampfer, der schnaufend zum Steg manövriert.

Rauch sitzt oft in seinem Garten wenige Meter von der Fischerhütte entfernt, vor ihm üppig blühende Beete und Balkonkästen, auf der anderen Straßenseite wachsen in Bassins die Bachsaiblinge. Jeden Tag fährt er nicht mehr auf den See, nur noch wenn es sich lohnt. Im Sommer fängt er Renken, den Brotfisch der Ammerseefischer, im Herbst Hecht und Zander. Seine Frau Maria räuchert und verkauft die Fische an Restaurants, Stammkunden und Passanten. Vom Fang allein kann Rauch nicht mehr leben. Die Situation ist schwierig, die Renken werden nicht mehr so groß wie früher, es gibt immer wieder Algen im See. Er sei ja

Simon Rauch holt die Fische aus dem See, das Räuchern und den Verkauf überlässt er seiner Frau Maria.

17

*Bei jedem Wetter fährt
der alte Fischer auf den
Ammersee, sein Filzhut
schützt gegen Sonne,
Regen und Wind.*

jetzt Rentner und habe vorgesorgt, „aber ein Junger kann davon nicht leben". Die Vorstellung, der Letzte zu sein, wischt Simon Rauch weg. Sentimentales mag er nicht: „Wenn ein Bauer nicht mehr davon leben kann, dann hört er eben auf." Seine Tochter wurde Fischermeisterin wie er – und gab den Beruf auf. Der Enkel lernte gleich etwas anderes. Zusperren kommt für Simon Rauch trotzdem nicht infrage: „Wer weiß, ob sein Bua das in 15 oder 20 Jahren übernehmen will." Die Fischerei sei eine Wissenschaft für sich, man müsse mit der Raffinesse der Tiere mitgehen, sonst bleibe man zurück, sagt Rauch. Noch sieht es nicht danach aus. Mit Anfang siebzig macht ihm niemand mehr so schnell etwas vor. „Ich war immer leidenschaftlicher Fischer", sagt er, zögert, „und bin es noch."

Auf die Schauspielerei musste er übrigens nicht verzichten. Rauch spielte lange im Herrschinger Bauerntheater Geschichten aus dem Leben. „Das geht jetzt nicht mehr, ich kann mir nicht mehr so viel merken", sagt er. Und dann durfte der Fischer doch noch vor die Kamera: „Ich spielte einen Bürger in ‚Dahoam is dahoam' ", sagt Rauch, nur zwei Sätze seien das gewesen. So ganz kann er seinen Stolz nicht verstecken. „Aber dieses ständige Wiederholen würd' mich närrisch machen, da sind mir die Fische scho lieber ...", bekennt Rauch. Und die Freiheit auf dem See.   *Anna Günther*

Sich treiben lassen

Einen perfekten Tag am Ammersee zu verbringen, ist nicht schwer: mit Boot, Brotzeit und Botanik.

Ein perfekter Sommertag am Ammersee kommt nicht ohne Segelboot aus – vorausgesetzt natürlich, Luv und Lee sind für einen keine niederländischen Kindernamen. Oder man hat Freunde mit Segelschein, die einen auf die richtige Bootsseite schieben, damit man das Segel nicht an den Kopf bekommt. Am besten leihen sich Hobbysegler in Utting, Schondorf oder Herrsching ein Boot und kreuzen über den Ammersee. Wenn der Wind das Boot vor sich herschiebt, ist der Alltag fern. Der Blick schweift über Zwiebeltürmchen am Ufer, sanfte Hügel und andere Boote. Die Abkühlung ist nur einen Sprung entfernt, das Trocknen am Bug fühlt sich dann endgültig wie Ferien an.

Auf dem 7,5 Meter hohen Turm am Südufer des Ammersees können Naturliebhaber die Aussicht genießen.

Wer keinen Picknickkorb dabei hat oder zwischendurch Land unter den Füßen spüren will, sollte kurz in Dießen neben dem Steg des Schaufelraddampfers anlegen. Hungrige Segler laufen unter der Bahnbrücke durch in den kleinen Ort. In der hübschen Mühlstraße gibt es gleich am Anfang mehrere Cafés und das Wirtshaus Unterbräu zur Einkehr. Der Garten des Ammerseefischers Simon Rauch blüht besonders im Hochsommer in prächtigen Farben, der Dießener Mühlbach plätschert vorbei. Die Segler ziehen nach der Stärkung wieder ihre Schleifen über den See und erhaschen vielleicht einen Blick auf die einzige Insel: Die Schwedeninsel liegt zwischen den Zuflüssen Rott und Ammer am südlichsten Fleck des Sees im Naturschutzgebiet. Ein schmaler Graben trennt sie vom Festland,

der durch Schilfbewuchs immer mehr verlandet. Im Dreißigjährigen Krieg flohen die Bürger vor schwedischen Truppen auf die Insel Erlaich, der Name Schwedeninsel blieb. Zu Beginn des 20. Jahrhunderts war die Insel beliebtes Ausflugsziel mit Café, im Zweiten Weltkrieg wurde sie beschossen und danach nur noch privat genutzt. Heute ist die unbewohnte Insel Vogelschutzgebiet, lediglich die Reste einer Hütte sind noch vorhanden.

Wem der Sinn eher nach einer Landpartie steht, sollte schon morgens durch den Schacky-Park schlendern – abends sind die Mücken aggressiver. Der alte Kutschenpfad ist längst eine viel befahrene Straße, die an der Schwedeninsel vorbei durch den Pähler Ortsteil Fischen in Richtung Andechs führt. Am Westufer des Sees entlang geht es in Richtung Kloster, doch statt dort einzukehren, sollte man weiter zum türkisblauen Pilsensee fahren. Auf einem Hügel über dem Wasser steht Schloss Seefeld, das seit Mitte des 15. Jahrhunderts im Besitz der Grafen zu Toerring-Jettenbach ist. Der Bergfried entstand schon zweihundert Jahre früher. Wie damals arbeiten auch heute Handwerker in Werkstätten und Ateliers rund um den Wirtschaftshof, die Burg selbst ist durch einen Graben abgetrennt. Stärkung gibt es dort im Bräustüberl, wie seit 415 Jahren. *Anna Günther*

Kloster Andechs auf dem Heiligen Berg über dem Ammersee gilt als einer der ältesten Wallfahrtsorte Bayerns.

Der 200 Meter lange Steg im Naturschutzgebiet ist besonders bei Vogelbeobachtern beliebt.

A96

Inning

Wörthsee

Schloss Seefeld

Pilsensee

Utting

Ammersee

Herrsching

Kloster Andechs

Schwedeninsel

Fischer
Simon Rauch

Dießen

Schacky-Park

Vogelfreistätte
Ammersee-Südufer

Ammer

2 km

Infoservice

Schacky-Park: Vogelherdstraße, 86911 Dießen, Buchungen über Förderkreis Schacky-Park e. V., Telefon 08807/948372, www.schacky-park.de. Geöffnet von Ostern bis Oktober Dienstag bis Sonntag von 10 bis 19 Uhr. Öffentliche Führungen finden von Mai bis Oktober jeweils am zweiten Samstag des Monats um 15 Uhr statt, von November bis April um 14 Uhr. Treffpunkt ist am Südeingang in der Vogelherdstraße. Anfrage für Sonderführungen bei Christine Reichert, Telefon 08807/6439.

Fischerei Simon Rauch: Mühlstraße 40, 86911 Dießen am Ammersee, Telefon 08807/7940, www.fischerei-rauch.de. Geöffnet Montag bis Sonntag von 8 bis 12 Uhr und von 13 bis 18 Uhr. Täglich Saiblinge und Forellen geräuchert oder frisch, je nach Saison auch Renken, Zander, Hechte, Aale, Karpfen und Welse.

Vogelfreistätte Ammersee Südufer: Lohnend ist der Beobachtungsturm bei Dießen (östlich des Parkplatzes des Sportvereins MTV Dießen e. V.) und das Mündungsgebiet der Ammer: Hier gibt es einen kleinen Binnensee westlich der Ammer (Dießener Straße Nr. 2056, Parkplatz an der Brücke, von hier aus den Damm nach Norden gehen). Infos auch unter www.ammersee-region.de/ammersee.html#natur.

Schloss Seefeld: Graf-Toerring-Straße 11, 82229 Seefeld, Telefon 08152/7232, www.schloss-seefeld.de. Schlosshof mit Geschäften, Kino, Museum und Bräustüberl. Hinter den Gasträumen des Bräustüberls befindet sich das Alte Sudhaus, in dem Veranstaltungen stattfinden. Ausführliche Informationen und das aktuelle Kulturprogramm unter www.kultur-schloss-seefeld.de.

Da droben auf dem Berge

Die Familie Astl bewirtschaftet einen der höchst-gelegenen Bauernhöfe Deutschlands.

Morgens um sieben hat sich Christa Astl aus dem Haus geschlichen, weg von der Arbeit. Sie hat sich ein paar Minuten Luxus gegönnt. Der Sonne zusehen, wie sie mit ihren ersten Strahlen über dem Zahmen Kaiser ein frühes Feuerwerk veranstaltet. Ins Tal auf ein Bett aus Zuckerwatte blicken, das für die Menschen unten einen nebligen Start in den Tag bedeutet. Die Bäuerin und Gastwirtin hat diesen Augenblick mit ihrer kleinen Digitalkamera festgehalten.

Die Hohe Asten ist eine Aussichtskanzel. Auf 1108 Metern Höhe kann man die Wolken und das Inntal überblicken.

Wie eine Touristin, immer noch. Dabei lebt sie seit fast drei Jahrzehnten auf der Hinterasten. „Das sind die Momente zum Genießen", sagt sie, als sie das Foto auf dem Display herzeigt.

Auch Stunden später in der lauen Mittagssonne ist das Plateau hoch über dem Inntal bemerkenswert idyllisch. Die Wiesen, auf denen ein Haflinger herumspringt, sind für Mitte November erstaunlich grün. Die drei alten Bauernhöfe bilden mit ihnen eine natürliche Einheit. Doch dieser Eindruck bildet nur die halbe Wahrheit ab. Es ist der Eindruck, den die Besucher mitnehmen.

„Die Landwirtschaft alleine reicht hier zum Überleben schon lange nicht mehr", sagt Christa Astl. Sie lebt mit ihrer Familie das ganze Jahr über am Berg, die Hinterasten gilt als einer der am höchsten gelegenen Bauernhöfe Deutschlands. Fünfundvierzig Rinder, vierzig Schafe, zwei Pferde und zwei Schweine sorgen für den Unterhalt. Und die Besucher auf der Terrasse und in der Gaststube, die das ganze Jahr über mit den hauseigenen Produkten versorgt werden. „Die Landwirtschaft hier oben benötigt die Gastwirtschaft. Und umgekehrt ist das auch so", sagt die Bäuerin. Die Astls haben aus beiden ein Modell entwickelt, das ein Auskommen fernab der Städte und Dörfer ermöglicht.

Die Ahnengalerie an der Wand. Seit 1512 ist das Anwesen im Besitz der Familie.

Sieht urig aus, ist aber harte Arbeit: Viele Bergbauern haben inzwischen aufgegeben.

Sie sind die einzigen Bauern, die das hier oben geschafft haben – die Vordere und Mittlere Asten dienen längst einer Unternehmerfamilie als Feriensitz. Die Sommer auf 1100 Metern Höhe sind kurz, die Arbeit an den steilen Hängen ist mühsam. Spezialfahrzeuge sind nötig, manche Wiesen muss Bauer Peter Astl mit der Sense mähen. Er ist den ganzen Tag draußen. Was ihm bei manchem Besuch gelegen komme, denn das Reden mit Fremden liege ihm nicht so, sagt seine Frau. Hilfe von Nachbarn haben die Astls nicht: Es gibt keine. Dafür muss jeder aus der Familie ran, auch die drei Kinder. Gerade in der Wirtschaft, in der die Mutter selbst kocht. Mehr als fünf Minuten Luxus am Tag sind nicht drin.

Schon gar nicht in der kalten Jahreszeit. „Den Winter könnte man von mir aus auslassen", sagt Christa Astl. Ihr Mann muss um fünf Uhr aufstehen, um mit der Fräse den Weg hinab ins Tal nach Flintsbach freizumachen. Viele Kehren, sechshundert Höhenmeter. Die Autos tragen dann Schneeketten oder Spikes. Wenn ein Schneesturm tobt, reicht der Griff zum Telefon, um die Lage zu sondieren: Ist die Leitung tot, liegen Bäume quer. „Dann lassen wir das Räumen auch mal einen Tag sein." Im Tal haben sie eine Garage, in der ein Fahrzeug für das Leben im Flachland steht. „Umsteigen, umladen, du musst jeden

Vierzig Schafe stehen im Stall. Die Landwirtschaft bleibt für die Astls nach wie vor wichtig.

Die Hohe Asten ist das ideale Ziel für Wanderungen. Von Flintsbach aus dauert die Tour kaum mehr als zwei Stunden.

Einkauf logistisch planen", sagt Astl. Einfach mal so die Nachbarn für eine Stunde zu besuchen, ist nicht drin. „Freunde filtern sich, wenn man so lebt", sagt sie. „Die das verstehen, die bleiben. Die anderen verlieren sich."

Dabei weiß sie durchaus zu schätzen, dass die Technik vieles leichter macht. Seit tausend Jahren leben Menschen auf dem Plateau, seit mehr als fünfhundert Jahren die Vorfahren der Astls. Ihr Mann wuchs im Tal bei einer Tante auf, weil das Leben am Berg ohne Strom und nur mit Wasser aus dem Brunnen zu hart für Kinder war. Nur am Wochenende durften sie hinauf zu den Eltern. „Erst wir haben die Kinder wieder heim zu uns geholt", sagt Christa Astl. Zumindest Sohn Bernhard will dauerhaft bleiben, er wird den Hof übernehmen.

Die Familiengeschichte wird also fortgeschrieben. Vielleicht findet Bernhard ja auch eine Frau, die sich auf das Leben auf der Hohen Asten einlässt. Eine wie seine Mutter. Die hatte als Bauerstochter aus dem Münchner Umland mit Bergen nichts im Sinn, bis sie ein Praktikum auf der Hinterasten absolvierte. „Da bin ich dann pappen geblieben", sagt sie. Neulich ist Christa Astl um elf Uhr abends mit einem Fernglas auf den Balkon hinaus gegangen. Sterne schauen. Nirgends, sagt sie, hat man einen besseren Blick in den Himmel.

Heiner Effern

Für den Tipp bedanken wir uns bei Michael Bösinger-Schmidt aus Brühl.

Adelige Bürger-Burg

Wo einst Sitz der Falkensteiner war, sollen sich nun Vereine treffen und Feste gefeiert werden.

Dem Rosenheimer Landrat Wolfgang Berthaler (CSU) kann man eines sicher nicht nachsagen: Dass er als kleiner König vom Lande auftritt, wie es manch einer seiner Kollegen gerne tut. Dabei war in seinem Heimatort Flintsbach schon der Adel ansässig, als das benachbarte Rosenheim noch als Marktflecken dahindümpelte. Das Geschlecht der Falkensteiner hatte im Inntal bereits um 1120 auf einem zweihundert Meter hohen Felssporn eine so große und mächtige Burg errichtet, dass sie als *urbs*, lateinisch für Stadt, bezeichnet wurde. Etwa zweihundert Jahre später wurde sie geschleift, Mauerreste sind aber bis heute zu finden. Und etwas tiefer gelegen die Ruine der neuen Burg, erbaut um 1300.

Die ersten Eigentümer, die Falkensteiner, sind vor allem deshalb übers Inntal hinaus bekannt, weil Clanchef Sibotho IV. im Jahr 1166 den Falkensteiner Codex anlegen ließ. Darin sind Geschichte und Besitz des Adelsgeschlechts verzeichnet, sogar Hinweise auf einen geheimen Mordauftrag finden sich. Das Dokument gilt als einzigartig, von einer weltlichen Familie existiert kein vergleichbares Buch aus dieser Zeit. Heute liegt der Codex im Hauptstaatsarchiv in München.

Nach den Falkensteinern siedelten sich auf der neuen Burg zeitweilig wilde Gesellen an. Zuletzt sei es allerdings ein ganz normaler Mieter gewesen, der im erhaltenen Turm gewohnt habe. Dem ist Berthaler, auch wenn er das nicht so direkt sagt, so dankbar wie einem heldenhaften Ritter. Der Mieter ließ sich nämlich

Im 18. Jahrhundert zerstörten zwei Brände die Burgruine Falkenstein. Gut erhalten geblieben ist die Ringmauer.

auch von Gerichtsverfahren nicht abschrecken und harrte so lange im Bergfried aus, bis der vorherige Eigentümer die Burg schließlich an die Kulturstiftung des Kreises verkaufte.

Bevor Berthaler zum Landrat gekürt wurde, war er achtzehn Jahre lang Bürgermeister in Flintsbach. Schon immer war er scharf auf die Burg, „sie ist schließlich unser Wahrzeichen und prägt unser Wappen". Tatsächlich ist der Charme der Burg größer als ihr Nutzwert: Außer dem Turm ist nur viel malerisches Mauerwerk erhalten. Berthaler will nun mit den Flintsbachern beraten, wie sie ihre Burg nutzen könnten. „Wichtig ist dabei, das im Einvernehmen mit den Menschen zu machen", sagt er. Dem Landrat schwebt eine Art Bürger-Burg vor, ein zentraler Platz, an dem das Dorf und seine Vereine sich treffen und feiern können.

Bis dahin sei es aber noch ein langer Weg, sagt Berthaler. Schließlich müsste die Kulturstiftung dafür wohl mehrere hunderttausend Euro aufbringen. Manche Mauer muss saniert werden, sanitäre Anlagen fehlen völlig. Doch die Flintsbacher hoffen, dass sie ihre Burg bald selbst nutzen können. Sie wissen zwar keinen mächtigen Adligen mehr in ihren Reihen wie einst Sibotho IV., dafür aber einen heimatbewussten Landrat.   *Heiner Effern*

Der Burgturm ist das Wahrzeichen der Gemeinde Flintsbach. Darin befindet sich eine sehr exklusive Mietwohnung.

Der Falke auf den Zinnen ziert seit 1953 das Wappen von Flintsbach. Er erinnert an das ausgestorbene Geschlecht der Grafen von Falkenstein.

Das Inntal entdecken

Die jahrtausendealte Kulturlandschaft entlang des Inns bietet mehr als eine viel befahrene Autobahn.

Das Inntal genießt zu Unrecht einen schlechten Ruf bei Tagesausflüglern und Reisenden. Die einen fahren wegen der viel befahrenen Autobahn Richtung Brenner oftmals gar nicht hin, die anderen sehen es als Nadelöhr Richtung Brenner, das sie möglichst schnell passieren wollen. Dabei missachten sie eine jahrtausendealte Kulturlandschaft, in der durchaus auch Modernes entstanden ist. Im kleinen Tiroler Ort Erl zum Beispiel, nur einen Steinwurf von der Landesgrenze gelegen, steht ein Festspielhaus, das nicht nur dank seiner gewagten modernen Architektur über die Region hinaus bekannt ist. Regelmäßig finden hier Passionsspiele und die Tiroler Festspiele statt, aber auch klassische Konzerte, beispielsweise in den Weihnachtsferien.

Dann sind auch die Pisten und die Rodelbahn am Hocheck auf der bayerischen Innseite in Oberaudorf präpariert. Das Skigebiet ist klein, bietet aber einen besonderen Service am Abend. Jeden Dienstag, Donnerstag, Freitag und Samstag ist Nachtskilauf bei Flutlicht. An bayerischen Gaststätten für einen kulinarischen Ausklang mangelt es in der Region nicht, eine historisch spannende ist das Gasthaus Weber an der Wand gleich in Oberaudorf.

Der Sage nach soll hier einst ein Einsiedler gelebt haben, der unter einem Felsüberhang eine einfache Klause einrichtete. Anfang des 19. Jahrhunderts siedelte sich ein Webermeister bei der Eremitenklause an. Er benötigte für sein Haus nur die vordere Wand und ein

Kloster Reisach und seine Bibliothek überstanden die Säkularisation 1803. Heute kann es an Sonntagen besichtigt werden.

halbes Dach, den Rest lieferte der Fels. Schon bald erhielt der Weber auch eine Lizenz als Gastwirt, eine erste touristische Attraktion des Inntals war geschaffen. Die Lage mit Blick auf das Kaisergebirge soll einen ebensolchen, nämlich Zar Alexander I. angelockt haben, König Ludwig I. und König Max II., aber auch Dichter und Künstler wie Ludwig Steub.

Während es in Oberaudorf oft hoch herging, verschrieb sich im nahen Niederaudorf die Gemeinschaft der Karmeliten der Kontemplation und dem Gebet. 1732 wurde der Grundstein für das Kloster Reisach gelegt, 1747 die Barockkirche eingeweiht. Die Decke wurde allerdings nicht üppig bemalt, sondern blieb weiß. Wie es sich für einen Bettelorden schickt.

Bemerkenswert in Kloster Reisach ist die Bibliothek, die die Säkularisation 1803 ohne Schaden überlebte. Die weltlichen Kontrolleure vermuteten berechtigterweise in dem relativ jungen Kloster keine wertvollen Folianten, sondern nur „billigen Druck". Also legten sie lediglich ein Register an und versiegelten die Türen. 5500 teils in Schweinsleder gebundene Bücher blieben unberührt, manche stammen aus dem 15. Jahrhundert. Um 1840 wurde die Bibliothek wieder geöffnet, heute enthält sie etwa zwanzigtausend Bücher. Die Karmeliten bieten immer wieder kostenlose Führungen an. *Heiner Effern*

Das Festspielhaus in Erl entstand zwischen 2010 und 2012. In dem spektakulären Bau finden knapp 900 Zuhörer Platz.

Der Blick aufs Kaisergebirge lockte schon König Ludwig I. und den Zar von Russland in das Gasthaus Weber an der Wand in Oberaudorf.

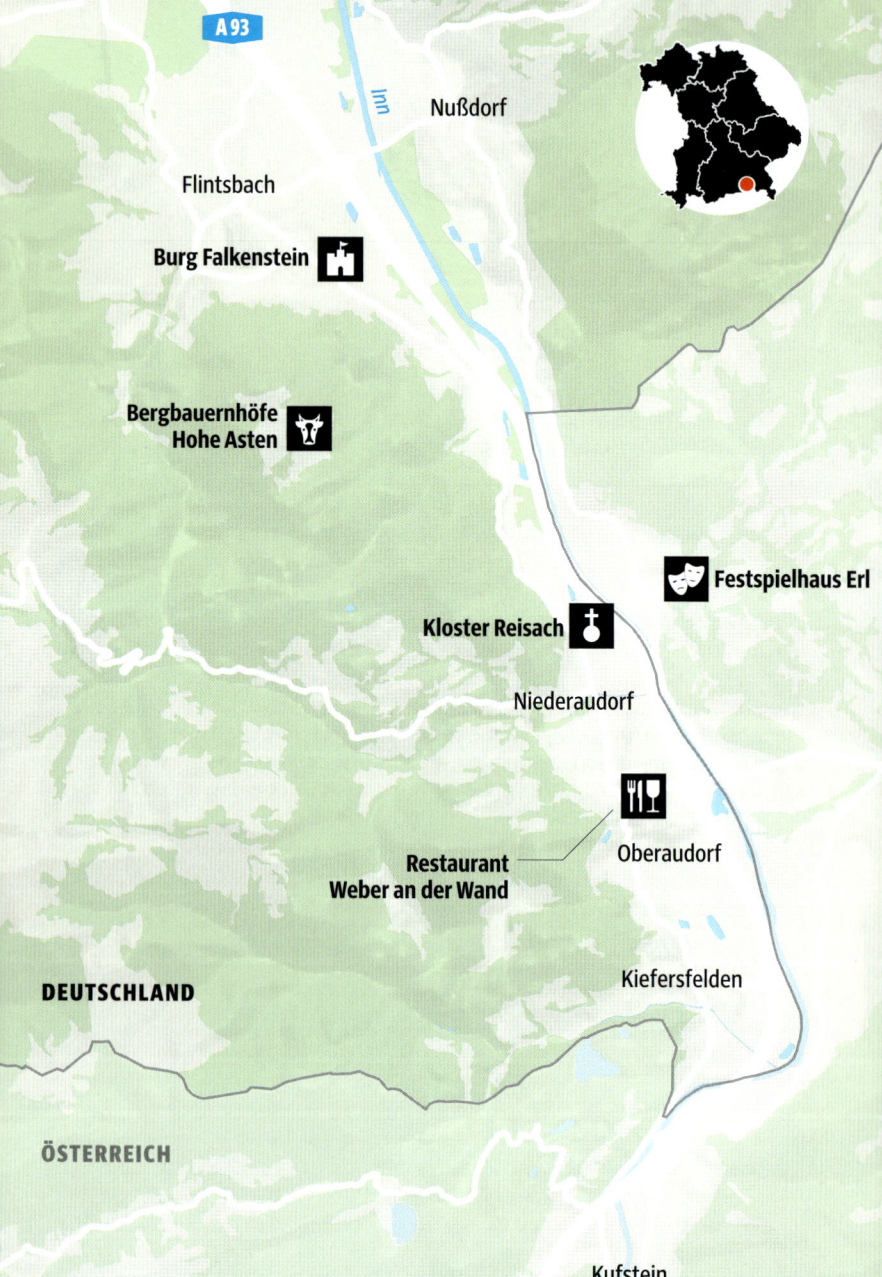

A 93

Nußdorf

Flintsbach

Burg Falkenstein

Bergbauernhöfe Hohe Asten

Festspielhaus Erl

Kloster Reisach

Niederaudorf

Restaurant Weber an der Wand

Oberaudorf

Kiefersfelden

DEUTSCHLAND

ÖSTERREICH

Kufstein

1 km

Infoservice

Hohe Asten: Familie Peter Astl, Hohe Asten 2, 83126 Flintsbach am Inn, Telefon 08034/2151, www.hoheasten.de.
Geöffnet Samstag, Sonntag und Montag von 9 bis 18 Uhr, am Samstag bis 21 Uhr, Dienstag und Mittwoch von 9 bis 23 Uhr, Donnerstag (außer an Feiertagen) und Freitag Ruhetag. Wanderung zur Hohen Asten ab Parkplatz Flintsbach auf dem Hauptweg in eineinhalb bis zwei Stunden oder, ebenfalls in eineinhalb bis zwei Stunden, über Wagner am Berg. In zweieinhalb bis drei Stunden über den Petersberg (mit der Möglichkeit zur Besichtigung der historischen Peterskirche).

Burgruine Falkenstein: Kurzer Spaziergang zur Burgruine ab dem Wanderparkplatz Petersberg. Von dort auf dem Bergweg in etwa einer halben Stunde zur Ruine. Infos unter www.flintsbach.de. Unter der Rubrik Erleben & Entdecken findet man Vorschläge zu Familienwanderungen.

Festspielhaus Erl: Tiroler Festspiele Erl Betriebsges.m.b.H., Mühlgraben 56a, A-6343 Erl, Telefon 0043(0)5373/81-000, www.tirolerfestspiele.at – dort auch Infos über Programm, Kartenverkauf und das Festspielhaus selbst.

Kloster Reisach: Klosterweg 20, 83080 Oberaudorf, Telefon 08033/30840, www.kloster-reisach.de. Führungen durch das Kloster einmal im Monat sonntags um 15 Uhr – genaue Termine auf der Homepage des Klosters.

Gasthaus Weber an der Wand: Infos rund um den Weber an der Wand: Konrad Walser, Seestraße 4, 83080 Oberaudorf, Telefon 08033/3611, www.weber-an-der-wand.de. Reservierungen nur telefonisch über Familie Zeller, Seestraße 4, 83080 Oberaudorf, Telefon 08033/302733 und 0175/2915-443 oder -045. Geöffnet von Mittwoch bis Sonntag ab 11 Uhr.

Die Benediktinerabtei Weltenburg, spektakulär am Donaudurchbruch gelegen, ist das älteste Kloster Bayerns.

Niederbayern

Bürger-Bahn statt Deutsche Bahn

Das zähe Ringen hat sich gelohnt: Seit 2011 rollen wieder Züge zwischen Freyung und Passau.

Dieser Zug lebt. Er kreischt sogar. Immer wenn am Rand der Bahnstrecke ein Signalschild mit einem schlichten „P" aus dem Gebüsch lugt, gibt er einen schaurig-schönen Laut von sich. Ein bisschen seufzend hört er sich an, sogar ein wenig gequält. Altersmüde, bestimmt, aber wer will das diesem Gefährt auch verübeln. Sein Baujahr ist 1960. Und es lässt keinen Zweifel aufkommen, dass in seinem Inneren mehr drinstecken muss als

Die „Waldbahn" wurde zur Lebensader der Region.

Zwei 150 PS starke Motoren treiben den Schienenbus an.

nur zwei dröhnende Motoren mit jeweils 150 PS. Hat der Zug gar eine Seele? Mal Gabriel Knopff fragen, der sollte es wissen. Der Mittdreißiger sitzt vorne und hat die Hand am Schalthebel. Er sagt, man brauche Gefühl, um diesen Zug zu steuern. Und: „Liebe zur Eisenbahn".

Das kann man wohl sagen: Wer am Passauer Bahnhof in die Ilztalbahn steigt, der hat meist mehr im Sinn als bloß voll klimatisiert von A nach B zu kommen. Das geht auch nicht anders auf dieser knapp fünfzig Kilometer langen Strecke nach Freyung, die 1892 als „Waldbahn" eröffnet wurde. Zwar haben sie auch moderne Züge bei der Ilztalbahn. Aber es waren vor allem Tradition und Heimatliebe, weshalb die Bürger entlang dieser Bahnstrecke jahrelang für die Wiederbelebung der Trasse gekämpft haben. Sie war von der Deutschen Bahn aufgegeben worden, die Schienen waren längst von Gras und Gestrüpp überwuchert. Totes Gleis irgendwann. Dann aber haben sich die Bürger ihre Eisenbahn in zähem Ringen zurückgeholt. Seit 2011 rollen wieder Züge – regelmäßig an Wochenenden und Feiertagen. In Eigenregie. Und an wenigen Tagen

Werner Kummer vom Verein der Passauer Eisenbahnfreunde moderiert die Fahrt.

Die Strecke musste erst wieder freigelegt werden: „Hier sah es aus wie im Dschungel", erzählen die Helfer.

Die alte Technik im Führerhaus fasziniert noch heute.

im Jahr holen die Passauer Eisenbahnfreunde die tiefroten alten Schienenbusse, die früher hier im Einsatz waren, aus der Abstellhalle und zelebrieren nostalgisches Bahnfahren.

Hinten im Wagen sitzt Vereinschef Werner Kummer und moderiert die Tour. Er erzählt viel über seine Bahn und über die vorbeiziehende Landschaft. Beides ist ein Erlebnis. Kummer hat früher als Tourismusreferent im Kreis Passau gearbeitet – bei aller Wertschätzung für die Kultur und Schönheit der Landschaft – sein Motto war immer: „Als erstes kommt die Anreise." Das heißt: die Bahn. Für Freyung und die Waldler war die Zugverbindung immer eine Art Lebensader. Für die Deutsche Bahn freilich war die Ader irgendwann nicht mehr ergiebig genug. Deshalb stellte sie 1982 den Personenverkehr auf dieser Strecke ein. Nach Unwetterschäden 2002 wurde sie komplett gesperrt.

Danach nahmen die Bürger das Projekt selbst in die Hand. Kummer erinnert sich noch gut daran, wie sie erst politisch den Weg bereiten und die Zweifler in München umstimmen mussten. „Wir transportieren doch keine heiße Luft", hieß es dort zunächst abschätzig über das Vorhaben. Später ging es darum, die Strecke wieder flott zu machen. „Hier sah es aus wie im Dschungel", erzählt Kummer. Im Förderverein der Ilztalbahn mit etwa siebenhundert Mitgliedern fanden sich jedoch Dutzende, die anpackten und die Gleise wieder freilegten. Mittlerweile machen die Schienenfreunde dem Bahnkonzern vor, wie man eine solche Nebenstrecke halt doch betreiben kann.

Die Latein- und Religionslehrerin Monika Fecher ist heute im Schienenbus unterwegs und verkauft als Zugbegleiterin die Tickets. „Das ist Abenteuer pur", sagt sie. Im Bahnhof Waldkirchen steht Stefan Gärditz am Bahnsteig. Von Beruf ist er Eisenbahnbetriebsleiter und arbeitet in Nürnberg. In seiner Freizeit lässt er hier ehrenamtlich für die Ilztalbahn die Züge fahren. „Sieben Tage Eisenbahn die Woche", sagt er in einem Ton, so als könnte die Woche für ihn auch gut und gerne acht Bahntage haben. Andere Freiwillige bedienen die Schranken oder machen Werbung. Zwanzig bis dreißig Ehrenamtliche sind jedes Wochenende im Einsatz, damit der Bahnbetrieb möglich wird. Es war deshalb nur konsequent, dass der Landtag 2011 den Bürgerkulturpreis für herausragendes ehrenamtliches Engagement an die Bahnfreunde vergab – verbunden mit 10 000 Euro Preisgeld.

Die Fahrgäste sind eine Belohnung ganz anderer Art. Unter ihnen gibt es jene mit Wanderschuhen, die die Bahn nutzen, um später von den Haltepunkten aus das Ilztal zu erkunden. Aber man sieht auch Halbschuhträger, die einfach nur gekommen sind, um auf Züge zu starren. „Herrlich, dass ich das noch erleben darf", sagt ein Mann, der sich sogar ans Steuerpult setzen und dabei wie ein Kind fühlen darf. *Mike Szymanski*

Im Lokschuppen der Passauer Eisenbahnfreunde kommen Nostalgiker auf ihre Kosten.

Für den Tipp bedanken wir uns bei Sophie Papke aus Passau.

Die Bayerwalddichterin

Das Auswanderermuseum in Schiefweg zeigt das Leben der Wirtstochter Emerenz Meier.

Heute treibt der Freiheitsdrang manch jungen Niederbayern allenfalls zum Schrauben unter den tiefergelegten Wagen. Wer sich nach Schiefweg aufmacht, einem verträumten Dorf bei Waldkirchen, in dem die Bäume im Herbst mit reifen Zwetschgen vollhängen, sieht aus den offenen Garagen manchmal nur noch Füße rausgucken. Dabei ist Schiefweg ein kleines Tor in die Ferne. Schon sprachlich ein Empfang von Welt: „Born in Schiefweg", steht in der Ortsmitte auf einer von Rost angegriffenen Metalltafel. Daneben das Konterfei der Emerenz Meier (1874 bis 1928), der berühmt gewordenen Bayerwalddichterin, die ihr Glück in Chicago suchte.

Tief in der bayerischen Provinz, im Obergeschoss des Geburtshauses von Emerenz Meier, erzählt heute ein kleines Auswanderermuseum Geschichten von Trennungsschmerz, von Fernweh und von Heimweh. Um 1880 hatte auch die Waldler eine regelrechte Auswanderungssucht gepackt, wie in den Dokumenten im Museum nachzulesen ist – die langen Winter, die harte Arbeit, die kaum auskömmlichen Erträge. Amerika schien dagegen ein Versprechen auf eine bessere Zukunft zu sein. Allein in New York leben zu dieser Zeit fast 18 000 Bayern – mehr als Landshut damals Einwohner hatte. Die schreibende Wirtstochter, die Senzl, verarbeitet das auch in einer frühen Erzählung über das bäuerliche Leben: „furt'trieb'n ins Amerika" hätte es die Leute. Die wirtschaftliche Not lässt dann bald auch in ihrer Familie die ersten Angehörigen aufbrechen. Ihr Ziel:

Emerenz Meier, die berühmte Tochter des Bayerwaldes, wurde auch in Amerika nicht wirklich glücklich.

Das Geburtshaus beherbergt heute wieder eine Wirtschaft.

das Waldlerviertel in Chicago. Im März 1906 verlässt Emerenz Meier mit ihrer Mutter den Bayerischen Wald, um über Bremen und Antwerpen an Bord der Finland der *Red Star Line* nach Amerika auszuwandern. Sie konnten sich die Zweite Klasse leisten – für die Bayerwaldler war in der Regel sonst nicht mehr als das Zwischendeck drin. Im Museum kann man Emerenz auf ihrem Weg begleiten.

Von Raum zu Raum wird ihr Leben forterzählt. Ein ausgetretener Kinderschuh, der ihr gehört haben soll, wird gezeigt. Ihr Schreibset. Dann kommt der Aufbruch in die Ferne, ihr Leben in der Neuen Welt. Wirklich glücklich wurde Emerenz Meier in Amerika nicht. Desillusioniert schrieb sie 1920 über Chicago, „das Babylon der Geldgier, der zynischen Frechheit und Rücksichtslosigkeit, der Stadt des Rußes und Lärms, der Hölle für Menschen, welche noch Ideale besitzen". Die Exponate sind überschaubar, fast schon wenige für ein so reiches Leben. So bleibt viel Raum für das Haus selbst, das im Erdgeschoss heute wieder eine Dorfwirtschaft beherbergt.

Alte Fotos, ihr Schreibset, ein Schuh. Die Ausstellung zeigt das Leben der Emerenz Meier.

Auf gewisse Weise ist die Dichterin, die immer Heimweh hatte, dann doch noch nach Schiefweg zurückgekehrt. Das Museum und die Gaststätte haben eine Lücke im Dorf gefüllt. Lange stand das Haus leer, drohte zu verfallen, bis die Bürger auf die Idee kamen, es als Auswanderermuseum herzurichten. Seither hat der Ort wieder seine Mitte gefunden.

Mike Szymanski

Wanderungen an der Ilz

Entlang der „Schwarzen Perle" findet der Wanderer zwei Mühlen, eine Burg und einen Künstlersteig.

Eine Schönheit? Dieser Fluss ist es ganz sicher. „Schwarz gelockte Tochter des Bayerwaldes", rühmen poetische Waldler ihre Ilz. Manche sagen: „Schwarze Perle". Auf den ersten Kilometern durchfließt die Ilz Moore, und die geben dem Wasser seine dunkle, braune Farbe mit auf den Weg. Wer sich entschieden hat, mit der Ilztalbahn diese Flusslandschaft zu erkunden, kommt der schönen Tochter des Bayerwaldes schnell nahe. Bald hinter dem ersten Haltepunkt Tiefenbach schmiegt sich die Ilztalbahn an den Wildfluss, um ihn einmal zu überqueren und bis Fürsteneck unaufdringlich zu begleiten.

Moore geben dem Fluss seine dunkle Farbe.

Für Wanderungen entlang der Ilz bietet sich Fürsteneck als Ausgangspunkt an. Von hier aus erstreckt sich, flussaufwärts, das etwa 18 Kilometer lange und 380 Hektar große Flusstal der Oberen Ilz, das seit Ende der 1990er-Jahre unter Naturschutz steht. An beiden Uferseiten sind die Wanderwege gut ausgebaut. In etwa einer Stunde ist zu Fuß die Schrottenbaummühle zu erreichen, ein beliebtes Ausflugslokal, das von 12 bis 21 Uhr warme Küche anbietet. Wem das nicht genügt, der nimmt sich als Ziel die weiter entfernte Schneidermühle vor, muss dann aber für den Gesamtweg nach Fürsteneck vier Stunden einplanen. Alternativ können Ausflügler auch flussabwärts nach Kalteneck wandern, etwa 7,5 Kilometer, und dort wieder in die Ilztalbahn einsteigen. In Fürsteneck ist die um 1180 errichtete Burg eine Pause wert. Sie beherbergt eine Ausstellung über die Ilz und eine Kapelle. Dem Ilztal-Künstler Josef Fruth aus Fürsteneck, 1910 geboren und 1994 gestorben, ist ein Künstlersteig gewidmet – ein drei Kilometer langer Rundweg am Ortsrand in den ehemals fürstbischöflichen Jagdwald lädt ein, den Maler und Dichter kennenzulernen.

Hinter Fürsteneck verlässt die Bahn das Ilztal. Die Marktgemeinde Röhrnbach lebt noch heute ein bisschen von dem Umstand, dass ihre Landschaft in die Fernsehserie Forsthaus Falkenau Eingang gefunden hat. Mit einem frisch aufgemotzten Luxushotel will man touristisch aber mehr als bloß das Vorabendprogramm in einer Region sein, die ein bisschen den Anschluss verpasst hat. Die Ilztalbahn arbeitet sich nun gut hundert Höhenmeter weiter nach Waldkirchen hinauf, einer der wichtigsten Raststätten des Goldenen Steiges. Jahrhundertelang verband die Länder Bayern und Böhmen diese Route, gehandelt wurde vor allem mit Salz. Die Säumer hatten oft einen Tagesmarsch hinter sich, wenn sie Unterkunft suchten und ihre Pferde versorgten. Die Bauern der Umgebung verdienten daran. Der Salzweg brachte einst den Wohlstand. Heute ist es die Bahn, die Touristen ausspuckt. *Mike Szymanski*

Dem Maler und Dichter Josef Fruth ist ein Künstlersteig gewidmet.

„Schwarz gelockte Tochter des Bayerwaldes" wird die Ilz auch genannt.

Freyung

Ilztalbahn

Waldkirchen

Röhrnbach

Schrottenbaummühle

Auswanderermuseum

Fürsteneck

**Schloss und
Schlossgaststätte**

**Künstlersteig
Fürsteneck**

Kalteneck

B85

Fischhaus

DEUTSCHLAND

Tiefenbach

B12

Ilz

A3

Donau

B388

Passau

ÖSTERREICH

4 km

Infoservice

Ilztalbahn: Ilztalbahn GmbH, Färbergasse 1, 94065 Waldkirchen, Telefon 08581/9897-136, Infos über Fahrpläne, Streckenpläne, Preise unter www.ilztalbahn.eu. An den Fahrtagen erhalten Sie persönliche Beratung am Bahnhof Waldkirchen.

Wirtshaus zur Emerenz: Dorfplatz 9, 94065 Waldkirchen/Schiefweg, Telefon 08581/989190, www.wirtshaus-zur-emerenz.de. Geöffnet Mittwoch bis Sonntag und an Feiertagen von 11 bis 24 Uhr. Während der Öffnungszeiten ist auch das Auswanderermuseum über Emerenz Meier zu besichtigen.

Wanderungen an der Ilz: Vorschläge unter www.fuersteneck.de/freizeit-tourismus.html oder bei Touristeninformation Perlesreut-Fürsteneck, Telefon 08555/9619-10.

Schlossgaststätte Fürsteneck: Familie Windorfer, Schlossweg 5, 94142 Fürsteneck, Telefon 08505/1473, www.schloss-fuersteneck.de. Täglich geöffnet außer Dienstag.

Schrottenbaummühle: Familie Anton Segl, Schrottenbaummühle 1, 94142 Fürsteneck, Telefon 08504/1739, www.schrottenbaummuehle.de. Ende März bis Allerheiligen ohne Ruhetag von 12 bis 21 Uhr geöffnet. Von Allerheiligen bis Mitte Dezember geschlossen, ab Mitte Dezember bis Heilige Drei Könige ohne Ruhetag geöffnet, dann jeweils Freitag, Samstag und Sonntag geöffnet.

Ein Hafnerdorf, wie aus der Zeit gefallen

Noch vor zehn Jahren drohte Bödldorf der Verfall – mittlerweile sind fast alle Anwesen liebevoll renoviert.

Auf einem Höhenzug zwischen den niederbayerischen Städten Landshut, Dingolfing und Vilsbiburg liegt etwas versteckt die kleine Ortschaft Bödldorf. Man nennt diese Gegend von alters her den Kröning, mehrere Dörfer reihen sich dort entlang. Die Gefahr, achtlos an Bödldorf vorbeizufahren, ist gegeben, schließlich machen sich in unmittelbarer Nähe größere, protzigere Siedlungen breit. Auf den zweiten Blick nimmt Bödldorf das Auge doch gefangen.

Sieben der insgesamt acht Einwohner von Bödldorf: links die Familie Englberger, rechts Silvia Rehder und Gerd Wenninger.

Der Hafnerort Bödldorf steht unter Ensembleschutz. Das Foto zeigt eine Bauernstube mit alter Hafnerware.

Wirkt der Ort nicht wie aus der Zeit gefallen? Diese alten Höfe mit ihrer seltsam breiten Giebelfront, die kleine Kapelle und die verspielt geschwungene Dorfstraße, dazu die Wiesen und der nahe Wald, vor allem aber das Fehlen jeglicher moderner Architektur. „Zumindest in Niederbayern gibt es nichts Vergleichbares", sagt Hermann Englberger, einer der acht Einwohner Bödldorfs, der dem Besucher erklärt, er könne sich keinen schöneren Wohnort vorstellen.

Bis ungefähr 1930 ist Bödldorf ein Hafnerdorf gewesen, eines von vielen auf dem Kröning. In jedem der sechs Anwesen in Bödldorf lebte eine Familie, die Geschirr und Keramik hergestellt hat. Es war ein für diese Gegend typisches Landhandwerk, das im Verbund mit einer kleinen Landwirtschaft betrieben wurde. Die Kröninger Hafnerware gehörte vom 15. bis ins 20. Jahrhundert in vielen bäuerlichen und bürgerlichen Haushalten zum festen Bestand, bis nach Südtirol. Noch heute wird auf dem Kröning Ton abgebaut. Einst bildete er die Grundlage für die Hafnerei, heute dient er für die Herstellung von Dachziegeln.

Umgeben von Tieren, bietet der Verleger und Psychologe Gerd Wenninger auf einem Hof auch Lebenshilfe-Kurse an.

Der Blick in die obere Stube des ehemaligen Töpferanwesens beim Gratzn zeigt vergangene Handwerksherrlichkeit.

Scherben und Hafnerreste aus einem der alten Höfe sind die Überbleibsel einer großen Töpfertradition.

Dass Bödldorf gleichsam im Urzustand erhalten geblieben ist, gilt als einmaliger Glücksfall. Selbstverständlich ist der ganze Ort als Ensemble denkmalgeschützt, sogar die alten Hofnamen der Töpferanwesen haben sich erhalten, wie sie zum Teil schon seit dem 15. Jahrhundert niedergeschrieben sind: beim Uiderl und beim Gratzn, beim Martl und beim Mathies. Was Bödldorf so interessant macht, ist diese erstaunliche Kontinuität, die sich in den vergangenen Jahren auf einer gänzlich neuen Basis fortgesetzt hat. Dem Landschaftsarchitekten Sören Schöbel-Rutschmann zeigt das Beispiel Bödldorf, „dass sich der Wandel offenbar innerhalb historischer Substanz vollziehen kann und dennoch eine völlig neue Struktur entsteht".

Konkret sieht das so aus, dass es in Bödldorf zwar keine Hafner mehr gibt, dafür einen Landwirt und ansonsten Akademiker mit Kindern. Hermann Englberger ist Dekan und Professor der Fakultät für Wirtschaftsingenieurwesen an der Hochschule München, seine Frau Studienrätin, auf den Nachbaranwesen leben ein Psychologe und Verleger sowie eine Lektorin. Sie sorgen dafür, dass Bödldorf so bleibt, wie es immer war. Auch wenn vor vierzig Jahren noch dreißig Einwohner in dem Weiler lebten.

Die Familie Englberger hat das Anwesen beim Gratzn vor gut zehn Jahren gekauft. Selber aus dem Kröning stammend, war es für die Eheleute sofort klar, dass hier ihre Zukunft liegen würde – trotz der langen Wege zu den Arbeitsstellen in München und Landshut. Anstelle eines alten Stadels, der nicht denkmalgeschützt war, durfte die Familie ein neues Haus bauen, das sich harmonisch in das Ensemble einfügt. Nach und nach wurden die übrigen Hofgebäude renoviert, die drei Kinder erleben hier die Freiheit einer Dorfkindheit, wie es nur noch selten der Fall ist. Die Heilkraft einer solchen Umgebung machte es auch möglich, dass in einem der Anwesen ein Burnout-Zentrum integriert ist. Lediglich am alten, ob seiner Maße beeindruckenden Uiderl-Anwesen aus dem 18. Jahrhundert nagt unübersehbar der Zahn der Zeit. Noch kann sich der Besitzer nicht aufraffen, es zukunftssicher zu sanieren.

Aber es stand schon schlimmer. Noch vor zehn Jahren stellte ein Beitrag in der BR-Reihe „Zwischen Spessart und Karwendel" ein Lamento voran: „Von der einstigen Betriebsamkeit ist kaum mehr etwas zu spüren – stattdessen Stille. Viele der Höfe sind verlassen, und obwohl sie unter Denkmalschutz stehen, verfallen sie." Englberger glaubt, dass die Geschichte des alten Hafnerorts glücklich weitergehen wird. Bödldorf ist ja mittlerweile nicht nur für seine Bewohner und für Denkmalpfleger ein Juwel und eine Rarität. Der Filmemacher Dieter Wieland hatte schon in den 1970er-Jahren eine Dokumentation über den Kröning und über Bödldorf gedreht. Zuletzt war es Marcus H. Rosenmüller, der dieses Ensemble für die Filmarbeit entdeckt hat.

„Wir sind zuversichtlich, dass unsere drei Kinder hier die Möglichkeit haben, bodenständig und geerdet aufzuwachsen. Die Abwechslung zwischen dem historischen ländlichen Raum einerseits und der Metropolregion München andererseits wird uns auch künftig Impulse geben und neue Horizonte eröffnen," sagt Englberger. *Hans Kratzer*

Hermann Englberger ist zuversichtlich, dass die Geschichte von Bödldorf glücklich weitergehen wird.

Für den Tipp bedanken wir uns bei Hermann Englberger, Zweiter Bürgermeister von Kröning.

Keramik vom Kröning

Die feinen Töpferwaren aus Niederbayern waren in München genauso begehrt wie in Bozen.

Das Verbreitungsgebiet der Kröninger Töpferwaren wirkt noch heute sehr beeindruckend. Die Hafner aus dem Kröning versorgten über lange Zeit ein Gebiet, das von der nördlichen Oberpfalz bis nach Südtirol reichte und von Augsburg bis nach Linz. „Die Vertriebswege lassen sich gut nachvollziehen", sagt der Vilsbiburger Kreisheimatpfleger Peter Barteit, der sich seit Langem mit diesem Thema beschäftigt. Zum einen gebe es alte Aufzeichnungen der Hafner, dazu die Pfarrmatrikel, in denen Hochzeiten und Todesfälle von Geschirrhändlern dokumentiert wurden. Auch sie lassen Rückschlüsse auf die Handelswege der Keramik aus dem Kröning zu. Nicht zuletzt verraten Bodenfunde, in welchen Gegenden besonders viel Kröninger Ware gekauft und verwendet wurde.

Archäologen haben beispielsweise im Tertiarkloster von Brixen alte Keramikreste zutage gefördert. Selbst im Wasser wurden Relikte entdeckt, so zum Beispiel ein mit Kröninger Scherben gefülltes Ruderboot am Grund des Chiemsees. Aber auch im österreichischen Traunsee fanden Taucher Keramik aus Niederbayern.

Vor allem zwischen Südtirol und Niederbayern pendelnde Kraxenträger und Karrenzieher sorgten südlich des Alpenhauptkamms für die Verbreitung der Keramik aus dem Kröning. Die Südtiroler gaben ihre Marktanteile natürlich nicht kampflos preis, sagt Barteit, weshalb sie die Kröninger Machart kurzerhand nachahmten. Auf den ersten

Das Bayerische Nationalmuseum besitzt einen Ofen aus dem 19. Jahrhundert in Gestalt eines Mannes. Gefertigt wurde er von einem Kröninger Hafner.

Blick ist ihnen das auch ganz ordentlich gelungen, vor allem bei den Milchschüsseln und bei Krapfentellern. Nehme man so ein Stück allerdings in die Hand, werde die Imitation schon durch ihr höheres Gewicht offenbar.

Auch München wurde von den Kröninger Töpferwaren geradezu überschwemmt. Im 17. und 18. Jahrhundert kam es zu heftigen Streitereien zwischen den Münchner Töpfern und der Konkurrenz aus Niederbayern. Laut einem Schreiben aus dem Jahr 1736 waren zur Jakobidult 43 Kröninger Hafner schwer beladen die Isar heraufgezogen. Barteit vermutet, dass bei jedem Münchner Jahrmarkt mehr als sechzigtausend Stück Kröninger Hafnergeschirr angeboten wurden.

Am Anfang des 20. Jahrhunderts war angesichts der einsetzenden fabrikmäßigen Massenproduktion und des Preisverfalls der Niedergang der Kröninger Keramik schon zu erahnen. Aufmerksame Zeitgenossen sammelten diese Ware deshalb gezielt, wovon heute das Vilsbiburger Heimatmuseum profitiert. Museumsleiter Lambert Grasmann baute in der ganz in der Nähe des Kröning gelegenen Stadt Vilsbiburg die weltgrößte Sammlung Kröninger Hafnerkeramik auf. Außerdem hat Grasmann ein umfangreiches Standardwerk zur Kröninger Hafnerei herausgegeben. *Hans Kratzer*

Bei jedem Münchner Jahrmarkt im 17. und 18. Jahrhundert wurden bis zu sechzigtausend Stück Kröninger Hafnergeschirr angeboten.

Das Vilsbiburger Heimatmuseum hat nach dem Niedergang der Hafner die weltgrößte Sammlung von Kröninger Keramik zusammengetragen.

Versteckte Kleinodien

Das bäuerlich geprägte Hügelland überrascht mit kulturhistorischen Schmuckstücken.

Rechts der Isar führt ein lang gestreckter Höhenzug von Landshut bis nach Niederviehbach hinunter. „Am Kröning" lautet der alte Name dieses Landstrichs, der die Zeiten glücklich überdauert hat, weil auch die heutige Gemeinde Kröning nach diesem historischen Namen benannt ist. Das bäuerliche Hügelland lädt in jeder Jahreszeit zum Wandern und Radeln ein, es bietet herrliche Ausblicke und versteckte kulturhistorische Kleinodien. Kleine Dörfer, Weiler und Einödhöfe sprenkeln die Landschaft und verleihen ihr eine eigenwillige, aber deutlich niederbayerische Prägung. Neben den alten Töpferanwesen wie etwa im Weiler Bödldorf gibt es noch manch andere Kuriosität zu entdecken. In Dietelskirchen stößt der Besucher beispielsweise auf eine famose Jugendstilkirche. Das in den Jahren 1912/13 erbaute Gotteshaus ist eine Rarität, denn im Freistaat gibt es nur sehr wenige Kirchen, die den für diese Zeit typischen Jugendstil aufweisen. Keine präsentiert ihn so lupenrein wie Maria Immaculata in Dietelskirchen. Dass ein kleines Bauerndorf damals den renommierten Münchner Architekten Joseph Elsner mit der Planung einer ungewöhnlichen Kirche beauftragte, ist bemerkenswert. Jugendstil war ja in dieser Gegend „riskanteste Moderne", wie Renate Just in ihrem Reisebuch „Krumme Touren" schreibt, „avantgardistisch, gewagt". Es gehörte jedenfalls viel Mut und Tatkraft dazu, denn die Bevölkerung musste bei den Bauarbeiten kräftig selber Hand anlegen, um Kosten zu sparen.

Ein prächtiger Jugendstil zeichnet die in den Jahren 1912/13 erbaute Dorfkirche Maria Immaculata in Dietelskirchen aus.

Ein seltenes Schmuckstück ist auch die Wallfahrtskirche in Wippstetten. Erbaut in der Gotik, später erweitert im Stil des Barock, gilt sie als eine der schönsten Kirchen des ganzen Landes. Ihre wertvolle Barockeinrichtung und ihre reiche Ausstattung machen sie zu einem Kleinod von hohem künstlerischen Wert. Mehr als tausend Jahre reicht die Geschichte des Schlosses Aham zurück, das Maximilian von Montgelas, Minister und politischer Ziehvater des modernen Bayern, 1833 gekauft hat. Der berühmte Staatsmann wurde später in der Gruft der Kapelle im Ahamer Schloss zur letzten Ruhe gebettet. Wer schon in Aham ist, sollte auch die Dreifaltigkeitskirche besuchen, eine eigenwillig gegliederte Wallfahrtskirche, die diese Landschaft überaus anmutig und auffällig schmückt.

Das 1560 als Renaissancebau errichtete Schloss Gerzen, das sich ebenfalls im Besitz der Familie Montgelas befand, bietet sowohl Kulturgeschichte als auch kulinarische Labung. 2009 hat die Familie Waldinger das marode Schloss gekauft und mit viel Liebe renoviert. Seitdem wird es unter anderem auch als Schlosswirtschaft geführt. Einen Abstecher lohnt überdies das denkmalgeschützte Kloster Johannesbrunn, das nach einer Sanierung zum Vorzeigeprojekt einer engagierten Dorfgemeinschaft geworden ist – mitsamt Dorfladen und Kleinkunstbühne.

Hans Kratzer

Im Heimatmuseum in Vilsbiburg ist die Geschichte der ehemaligen Kröninger Hafnertradition umfassend dokumentiert.

In dem 1560 als Renaissancebau errichteten Schloss Gerzen werden heute sowohl kulturelle als auch kulinarische Angebote serviert.

Isar

Hafnerdorf •
Bödldorf

Aham

Schloss Aham
Montgelas-Gruft

**Wallfahrtskirche
Mariä Geburt** Wippstetten

 Schloss Gerzen

Dietelskirchen
Jugendstilkirche

Kloster
Johannesbrunn

St 2083

 Kröninger Hafnermuseum

B 388

VILSBIBURG

2 km

Infoservice

Bödldorf: Das Hafnerdorf ist seit den 1970er-Jahren insgesamt als Ensemble in die Bayerische Denkmalliste eingetragen. Ausführliche Infos unter www.kroeningerleben.de. Literatur: Hermann Englberger, Kröning – Leben im Landshuter Raum.

Heimatmuseum Vilsbiburg – Kröninger Hafnermuseum: Stadtplatz 39-40, 84137 Vilsbiburg, Telefon 08741/3821, www.museum-vilsbiburg.de. Ganzjährig geöffnet am Sonntag von 10 bis 12 Uhr und am Mittwoch von 14 bis 16 Uhr, zusätzlich auch jeweils am ersten Wochenende eines Monats Samstag und Sonntag von 14 bis 16 Uhr.

Jugendstilkirche Maria Immaculata: Am Rain 3, Dietelskirchen, 84178 Kröning – die Kirche ist in der Regel öffentlich zugänglich. Es empfiehlt sich jedoch, vorher im Katholisches Pfarramt Seyboldsdorf, Dorfstraße 45, 84137 Vilsbiburg, Telefon 08741/6428, nachzufragen.

Wallfahrtskirche Mariä Geburt: Kirchenstraße 8, Wippstetten, 84178 Kröning, Infos beim Katholischen Pfarramt Gerzen, Kirchstraße 4, 84175 Gerzen, Telefon 08744/230.

Schloss Gerzen: Schlosswirtschaft, Biergarten und Hotel, Schlosspark-straße 5, 84175 Gerzen, Telefon 08744/966330, www.schloss-gerzen.de. Die Schlosswirtschaft ist von Mittwoch bis Freitag ab 16 Uhr, am Wochen-ende und an Feiertagen ab 11 Uhr geöffnet.

Kloster Johannesbrunn: Förderverein Kloster Johannesbrunn e. V., Klosterstraße 1, 84175 Johannesbrunn, Infos über das Kulturprogramm, Kurse und den Klosterladen unter www.kloster-johannesbrunn.de. Der Klosterladen hat von Montag bis Samstag von 6.30 bis 12 Uhr geöff-net, zusätzlich noch Montag, Mittwoch und Freitag von 15.30 bis 18 Uhr; Telefon 08744/966 556.

Das Mörderduo von der Hallertau

Wie im Wilden Westen: Die Geschichten um Ferdinand Gump und Eduard Gänswürger leben bis heute fort.

So einen Ansturm wie an diesem Tag hatte das Waffengeschäft in Mainburg noch nicht erlebt. Obwohl schon der Advent angebrochen war, und damit die Zeit des Friedens, gab es kein Halten mehr. Pistolen, Gewehre, Munition – binnen Minuten war der Waffenladen im Herzen der Hallertau leergekauft. Der Grund: blanke Panik. In Windeseile hatte sich im Ort herumgesprochen, was kurz zuvor wenige Kilometer entfernt geschehen war. Zwei Bauern, die auf

Hopfenfelder bei Wolnzach: Mitte des 19. Jahrhunderts begann der Anbau zu florieren. Der Wohlstand der Bauern lockte allerhand lichtscheues Gesindel an.

dem Weg zum großen Viehmarkt waren, wurden brutal ermordet. Rücksichtslos niedergeschossen und ihrer Barschaft beraubt. Jeder, der sich wieder auf den Heimweg machte, wollte wenigstens bewaffnet sein. Es war der 11. Dezember 1872, der Tag, an dem die Legende von Gump und Gänswürger begann.

Die Erzählungen von dem Raubmörderduo haben bis heute überdauert. „Drah di ned um, da Gump geht um." Oder die Mahnung von Eltern an ihre Kinder, dass einen der Gump hole, wenn man nicht endlich brav sei. Hanns Seidl kennt diese Sprüche gut. Als gebürtiger Mainburger hat er sie oft genug gehört, wie auch viele andere Anekdoten über die beiden Schurken. Welche davon wahr sind und welche nicht, ist schwer zu sagen. Seidl hat ihnen nachgespürt, er hat sogar ein kurzes Theaterstück über die Räuber verfasst, über die in nahezu jedem Ort der Hallertau spektakuläre Geschichten kursieren. Und die bunter und bunter werden, je öfter man sie hört.

Verbürgt ist: Ferdinand Gump und Eduard Gänswürger waren zwei üble Gesellen, die geraubt und gemordet haben. Sie stammten aus dem Donaumoos südlich von Ingolstadt, ihren Schrecken verbreiteten sie allerdings in der benachbarten Hallertau. Als Gänswürger 1843 und Gump 1844 zur Welt kamen, zählte das Donaumoos zu den ärmsten Gegenden Bayerns. Kolonisten waren in der sumpfigen Landschaft angesiedelt worden, um den Boden zu entwässern und ihm mit harter Arbeit ein paar Feldfrüchte abzuringen.

Der Hallertau, Jahrzehnte zuvor ebenfalls noch ein Armenhaus Bayerns, ging es da bereits besser. Von 1850 an begann der Hopfenanbau zu florieren, bald wurden für einen Zentner Hopfen bis zu zweihundert Gulden bezahlt. Zum Vergleich: Ein Tagelöhner verdiente zwei Gulden im Monat. Hopfenbauern

„Drah di ned um, da Gump geht um": Der Mörder Ferdinand Gump wurde keine dreißig Jahre alt, doch seine Legende hat bis heute überdauert.

waren reich und mächtig – und lockten allerhand lichtscheues Gesindel an, Ganoven wie Gump und Gänswürger.

Beide kannten sich von der Schule, absolvierten zusammen eine Zimmererlehre und gerieten unabhängig voneinander auf die schiefe Bahn. Zunächst machten sie sich einen Namen als Wilderer, Diebe und Raufbolde, wofür sie ins Zuchthaus kamen. Erst nach Gumps Entlassung und Gänswürgers Flucht aus dem Gefängnis zogen sie als Schreckensduo vereint durchs Land. Fortan stand Viehdiebstahl auf der Tagesordnung, Einbrüche und bald auch bewaffneter Überfall. Wie viele Menschen damals träumten Gump und Gänswürger davon, in die Vereinigten Staaten auszuwandern, und ein bisschen vom Wilden Westen hatte ja auch die Hallertau des 19. Jahrhunderts. Als Anziehungspunkt für Pferdediebe war sie früher verniedlichend als Schelmenland bekannt.

Gump und Gänswürger waren noch mal eine andere Kategorie. Im Oktober 1872, knapp zehn Jahre vor der Schießerei der Earps und Clantons am O. K. Corral, überfielen Gump und Gänswürger mit ihren Kumpanen einen Einödhof in der Nähe Volkenschwands bei Mainburg. Zu ihrem Erstaunen holten sie sich eine blutige Nase, denn der Bauer und seine Knechte feuerten zurück. Dreihundert Schüsse sollen in jener Nacht gefallen sein, berichtet Hans Fegert in seinem Buch über die beiden Räuber. Vor allem Gänswürger fühlte sich von da an erst recht angestachelt. Heute müsse noch einer dran glauben, soll Gänswürger am 11. Dezember 1872 getönt haben.

Zusammen mit einer weiteren zwielichtigen Gestalt namens Johann Faltermeier hatten die beiden Gauner mehrere Flaschen Wein und Bier getrunken, als sie auf die Straße

Bis zu 200 Gulden kostete ein Zentner Hopfen um das Jahr 1850. Ein Tagelöhner verdiente etwa zwei Gulden im Monat.

zogen, die zahlreiche Menschen zum Vieh-markt nach Mainburg führte. Bei Meilen-hofen brach sich ihre Brutalität dann Bahn: Gänswürger schoss zwei Bauern aus nächs-ter Nähe über den Haufen. Ihres Mittäters Faltermeier entledigten sich Gump und Gänswürger – wohl im Streit um die Beute – sofort in einem nahen Wald. Seine Leiche wurde erst Monate später gefunden. Es war der dritte von insgesamt sechs Toten. Zwei Monate später erschoss Gump seinen Kom-plizen Gänswürger bei Manching von hinten, um die Welt vom Scheusale zu befreien, wie er sagte. Wahrscheinlicher ist, dass sie um eine der Frauen stritten, mit denen sie schlampige Verhältnisse pflegten: Erst tags zuvor hatte einer der beiden die Krämersfrau Margarethe Kufer in Karlskron ermordet.

Erst nachdem Gump auch einen Polizis-ten getötet hatte, wurde er am 4. Juni 1873 in Wolnzach gefasst. Noch bevor ihn das Todes-urteil ereilte, starb er fünf Monate später wäh-rend der Haft in München an Schwindsucht. Weder Gump noch Gänswürger erreichten das dreißigste Lebensjahr, doch in Geschich-ten und Liedern leben sie bis heute fort.

Wolfgang Wittl

Eduard Gänswürger soll auf offener Straße zwei Menschen er-schossen haben. Später wurde er selbst ein Opfer seines Kumpa-nen Gump.

Wir bedanken uns bei Hanns Seidl aus Main-burg für den Tipp.

Grünes Gold

In Wolnzach, dem Zentrum des Anbaus, dreht sich alles um Hopfen.

Ach, wenn doch nur alle so wären wie die Japaner, wie die Italiener und erst die Amerikaner. Wenn die einmal in Fahrt sind, ist nichts mehr vor ihnen sicher: Hopfen-Badesalz, Hopfen-Schokolade, Hopfen-Schnaps, Keramikschalen in Hopfenform, Hopfen-Schmuck. Nicht zu vergessen die ganze Literatur. Hopfen ist ein internationaler Verkaufsschlager, gerade im Deutschen Hopfenmuseum in Wolnzach. Nur kommen nicht immer so viele ausländische Gäste, wie es sich Museumsleiter Christoph Pinzl vielleicht wünscht. Dabei liegt hier auch jeder richtig, der sich ganz allgemein für Bier interessiert.

Mit einem Drittel des weltweit produzierten Hopfens ist die Hallertau das größte zusammenhängende Hopfenanbaugebiet der Erde, und in Wolnzach – fünfzig Kilometer nördlich von München – befindet sich zweifellos sein Zentrum. Hier steht das Hopfenmuseum, vor dem wiederum verschiedene Hopfenpflanzen mit schönen Namen wie Herkules und Saphir bis zu acht Meter in die Höhe wachsen. Alle diese Sorten und noch einige mehr wurden und werden im Hopfenforschungsinstitut Hüll vor den Toren Wolnzachs entwickelt.

Mehr als zwanzigtausend Gäste besuchen Jahr für Jahr das Hopfenmuseum, das längst ein Erlebnishaus geworden ist. Denn allein mit Schautafeln und Ausstellungsstücken fällt es schwer, sich gegen die Freizeitkonkurrenz zu behaupten – so wissenswert die Geschichte des Hopfens als Heilpflanze und

Mehr als dreihundert Aromastoffe enthält das Öl des Hopfens. Den Brauern im Mittelalter reichte das allerdings noch lange nicht.

Wirtschaftsfaktor auch ist. Im Angebot stehen daher wahlweise Bierseminare, Hausmessen für Firmen, Bierproben mit Hopfenkäse oder sogar ein Sechs-Gänge-Biermenü. Anhand einer Schaubrauerei können Besucher nachvollziehen, wie der Weg von Wasser, Hopfen und Malz zum fertigen Endprodukt tatsächlich funktioniert. Da trifft es sich gut, dass Museumsleiter Pinzl außerdem über eine Ausbildung zum Biersommelier verfügt und viel über Geschmack und Trends zu berichten vermag.

Mehr als dreihundert Aromakomponenten enthält das Öl des Hopfens. Als ob das nicht reichte, wurden vor dem Reinheitsgebot von 1516 noch fleißig weitere Zutaten ins Bier gemischt: Kirschen, Lorbeer oder sogar Rinde. Heute gibt es andere Möglichkeiten, die Geschmacksvielfalt zu erhöhen. Hopfensorten mit Mandarinen- oder Beerenaromen finden zunehmend Abnehmer, besonders in den USA. Der Siegeszug der *Craft Breweries*, die für ihre Biere ein Vielfaches mehr an Hopfen verwenden als deutsche Brauer, hält ungebrochen an. Doch so gern die Gäste aus Übersee in Wolnzach gesehen sind, auch an potenziellen Besuchern aus der Gegend mangelt es nicht. Vor dreißig Jahren habe man in der Hallertau kaum ein Kind gefunden, das einem nicht alles über Hopfen erzählen habe können, sagt Museumsleiter Pinzl. Heute sei es genau anders. *Wolfgang Wittl*

Badesalz, Schokolade, Schnaps: Es gibt fast nichts, was es nicht gibt aus Hopfen. Bier ist allerdings immer noch das beliebteste Endprodukt.

Das Bier dominiert

Aber der Landstrich zwischen Regensburg, Landshut, Freising und Ingolstadt bietet viel mehr als Brauereien.

Tourismus ist in der Hallertau ein sensibles Thema: Da gibt es jene Menschen, die meinen, man müsse noch viel mehr auf die Beine stellen. Andere hingegen finden es genau richtig, wie es ist. Das bedeutet: Die Hallertau ist touristisch bei Weitem nicht so erschlossen wie andere Regionen Bayerns, was jedoch kein Nachteil sein muss. Die Gegend zwischen Regensburg, Landshut, Freising und Ingolstadt dürfte alle Ausflügler begeistern, die sich Zeit für einen zweiten Blick nehmen.

An gewissen Erwartungen kommt die Hallertau nicht vorbei. Wo weltweit am meisten Hopfen wächst, darf das Bier nicht fehlen. Viele Brauereien gestatten daher Einblick in ihre Produktionsräume, keine allerdings so offensiv wie der Kuchlbauer in Abensberg. Die „Bierwelt", die Leonhard Salleck erschaffen hat, zieht jährlich etwa 150 000 Besucher an. Hauptattraktion ist der 35 Meter hohe Turm, der nach den Plänen des österreichischen Künstlers Friedensreich Hundertwasser errichtet wurde. Aber auch immer mehr Landwirte, bevorzugt in Wolnzach und Attenhofen, bieten Erlebnisführungen und Vorträge zum Anbau von Hopfen an, der trotz allen maschinellen Einsatzes einer anspruchsvollen Pflege bedarf. Wer einen Biergartenbesuch vorzieht, wird zum Beispiel in Unterpindhart, Eining oder am Wochenende in Ratzenhofen fündig. Für kulinarisch höhere Ansprüche bietet die Espert-Klause in Mainburg gute regionale Küche zum erschwinglichen Preis an, zu empfehlen insbesondere während der Spargelsaison.

Tradition und Fortschritt: Der Bürgerbräu in Wolnzach, hier das Sudhaus, war einmal. Inzwischen werden hier amerikanische Craft-Biere aus dem Haus „Urban Chestnut" gebraut.

An Freizeitmöglichkeiten mangelt es in der Hallertau nicht: So hügelig die Landschaft ist, so eben verläuft der Abens-Radweg, der sich auch gegenüber wenig geübten Sportlern gnädig zeigt. Auf diese Weise lässt sich die Gegend wohl am besten erkunden. Wer mit dem Mountainbike einen Gang zulegen möchte, kommt im schattigen Dürnbucher Forst auf seine Kosten. Im Kurbad Bad Gögging kann man dann wieder entspannen oder eine gemütliche Runde Minigolf spielen.

Für Kinder lohnt sich der Vogelpark in Abensberg. Dort gibt es eine Greifvogelschau zu sehen, aber auch andere Tiere. Ausflugsziel Nummer eins im Landkreis Kelheim bleibt das Kloster Weltenburg mit einer Schifffahrt durch den Donaudurchbruch. Von Bord aus lässt sich zwar ein Blick auf das Äußere der Befreiungshalle erhaschen. Ob das aber bereits reicht, muss jeder für sich entscheiden.

Wissenswertes über die Römer und Kelten erfahren Besucher im Museum in Manching. Etwas kleiner angelegt sind die Heimatmuseen in Abensberg und Mainburg. Die katholische Prägung der Hallertau drückt sich in stattlichen Bauten aus: Sehenswert sind die Klöster in Rohr und Biburg sowie die Kirche Sankt Nikolaus in Siegenburg – bekannt auch als „Dom der Hallertau".

Wolfgang Wittl

Der Hundertwasser-Turm in Abensberg zählt zu den größten Touristenattraktionen im Landkreis Kelheim.

Hopfen und Malz, Gott erhalt's: Die katholische Prägung der Hallertau kommt in stolzen Kirchen, wie hier in Jebertshausen, zum Ausdruck.

A3

Regensburg

A93

Weltenburg
Donaudurchbruch

B299

Abensberg
Bierwelt

Rohr
Klosterkirche

Biburg
Kloster

Donau

Hallertau

A93

Meilenhofen
**Doppelter Raubmord
durch Gump und Gänswürger**

Mainburg
Heimatmuseum

B301

Wolnzach
**Hopfenmuseum
Verhaftung von Gump**

Landshut

A92

10 km

Infoservice

Deutsches Hopfenmuseum: Elsenheimerstraße 2, 85283 Wolnzach, Telefon 08442/7574, www.hopfenmuseum.de. Geöffnet Dienstag bis Sonntag von 10 bis 17 Uhr. Jeden ersten Sonntag im Monat findet um 11 Uhr eine öffentliche Führung statt. Infos über das umfangreiche Veranstaltungsprogramm, Bierseminare und -verkostungen auf der Homepage.

Kuchlbauers Bierwelt: Römerstraße 5-9, 93326 Abensberg, Telefon 09443/910150, www.kuchlbauer.de.
Die Bierwelt inklusive dem Kuchlbauer-Turm von Friedensreich Hundertwasser ist nur im Rahmen einer Führung zu besichtigen. Führungen von Januar bis Ostern immer Mittwoch, Samstag und Sonntag. Mit Beginn der Osterferien bis Dezember dann täglich. Buchungen von Gruppenführungen unter 09443/910150. Das Kunsthaus Abensberg ist von April bis Oktober täglich von 10 bis 19 Uhr, von November bis März ebenfalls täglich von 11 bis 17 Uhr geöffnet. Während der Turmweihnacht ist das Kunsthaus zu den Weihnachtsmarktzeiten geöffnet.

Vogel- und Tierpark Abensberg: Welschenbach 3, 93326 Abensberg, Telefon 09443/7110, www.vogelpark-abensberg.de.
Geöffnet von Mitte März bis Anfang November täglich von 9 bis 18 Uhr. Führungen täglich um 11 Uhr, außer Mittwoch.

Kelten-Römer-Museum Manching: Im Erlet 2, 85077 Manching, Telefon 08459/323730, www.museum-manching.de. Geöffnet Dienstag, Donnerstag und Freitag von 9.30 bis 14 Uhr, am Mittwoch von 9.30 bis 16 Uhr, am Wochenende und an Feiertagen von 10.30 bis 17.30 Uhr.

Bayern entdecken Neue Titel

Schluchten, Höhlen, Eismagie
17 leichte Wanderungen
zu faszinierenden Naturschauplätzen
978-3-86497-099-3

Rodelspaß und Hüttenzauber
17 Schlittentouren in
den Münchner Hausbergen
978-3-86497-142-6

Am Fluss entlang
14 Erlebnistouren
zwischen Main und Inn
978-3-86497-098-6

Unterwegs im Bayerischen Wald
16 Familienwanderungen
für jede Jahreszeit
978-3-86497-100-6

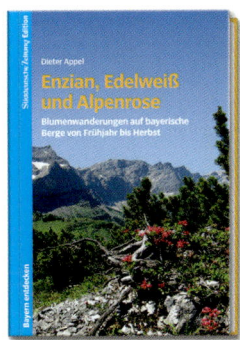

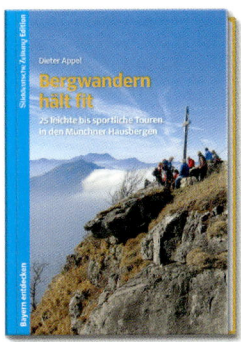

Enzian, Edelweiß und Alpenrose
Blumenwanderungen auf bayerische
Berge von Frühjahr bis Herbst
978-3-86497-205-8

Bergwandern hält fit
25 leichte bis sportliche Touren
in den Münchner Hausbergen
978-3-86497-345-1

Entdecken Sie Bayerns schönste Seiten

Mit den blau-gelben Freizeitführern
aus der erfolgreichen Reihe Bayern entdecken
lassen sich die geheimnisvollen, kulturell interessanten,
landschaftlich reizvollen, kulinarisch überraschenden,
aber auch die gemütlichen, entschleunigten
und genussvollen Ziele in Bayern
mühelos erkunden – fundiert und aktuell.

Und noch mehr Bayern entdecken

Mir san Bier
Braukunst und Biergärten
in und um München
978-3-86497-131-1

Schauplätze der Geschichte
Spaziergänge durch 21 Jahrhunderte
in München und Umgebung
978-3-86497-295-9

**Inseln
im bayerischen Voralpenland**
978-3-86497-860-3

Inseln in Bayern? Aber ja!
Gewässer gibt's im Alpenvorland genug:
Seen und Flüsse, mittendrin Inseln jeder Größe, vom Wasser
umgebene Eilande, fern vom lärmenden Alltagsgetriebe.
Die Chiemsee-Inseln, die Roseninsel im Starnberger See,
die Insel Höglwörth mit ihrem ehemaligen Kloster und viele mehr.
Alle haben sie ihre ganz eigene Geschichte, beherbergen
Schlösser, Klöster und Naturschönheiten und bieten
urige Wirtshäuser zur Einkehr.
Dieser Inselführer nimmt den Leser mit auf eine Kreuzfahrt
durch das bayerische Voralpenland und zeigt ihm
die besondere Schönheit dieser Plätze.

3060